Redação publicitária digital

Lucia Santaella

SÉRIE MUNDO DA PUBLICIDADE E PROPAGANDA

Rua Clara Vendramin, 58 | Mossunguê
CEP 81200-170 | Curitiba | PR | Brasil
Fone: (41) 2106-4170
www.intersaberes.com
editora@intersaberes.com

Conselho editorial | Dr. Alexandre Coutinho Pagliarini | Drª Elena Godoy
Dr. Neri dos Santos | Dr. Ulf Gregor Baranow
Editora-chefe | Lindsay Azambuja
Gerente editorial | Ariadne Nunes Wenger
Assistente editorial | Daniela Viroli Pereira Pinto
Preparação de originais | Ghazal Edições e Revisões
Capa | Charles L. da Silva (*design*) | SFIO CRACHO/Shutterstock (imagem)
Projeto gráfico | Silvio Gabriel Spannenberg (*design*)
Rawpixel.com/Shutterstock (imagem)
Diagramação | Kátia Priscila Irokawa Muckenberger
Iconografia | Palavra Arteira

Dados Internacionais de Catalogação na Publicação (CIP)
(Câmara Brasileira do Livro, SP, Brasil)

Santaella, Lucia
Redação publicitária digital/Lucia Santaella. Curitiba: InterSaberes, 2017.
(Série Mundo da Publicidade e Propaganda)

  Bibliografia.
  ISBN 978-85-5972-558-2

1. Marketing digital 2. Mídia digital 3. Publicidade 4. Redação publicitária
I. Título. II. Série

17-09882   CDD-808.066659

Índices para catálogo sistemático:
1. Redação publicitária digital   808.066659

1ª edição, 2017.

Foi feito o depósito legal.

Informamos que é de inteira responsabilidade da autora a emissão de conceitos.

Nenhuma parte desta publicação poderá ser reproduzida por qualquer meio ou forma sem a prévia autorização da Editora InterSaberes.

A violação dos direitos autorais é crime estabelecido na Lei n. 9.610/1998 e punido pelo art. 184 do Código Penal.

Sumário

- 6 Apresentação
- 11 Como aproveitar ao máximo este livro

15 Linguagem verbal: conceitos preparatórios
- 17 1.1 Dois eixos fundamentais da linguagem
- 27 1.2 Texto escrito
- 34 1.3 Gêneros do discurso
- 38 1.4 Funções da linguagem
- 43 1.5 Figuras de linguagem
- 50 1.6 Retórica

57 Redação publicitária e seus atributos
- 59 2.1 Qualidade do texto
- 67 2.2 Natureza da publicidade
- 72 2.3 Retórica da publicidade
- 77 2.4 Argumentação, persuasão, manipulação
- 79 2.5 Sugestão, sedução e persuasão
- 83 2.6 Gênero e subgêneros da redação publicitária
- 86 2.7 Atributos da redação publicitária

93 Palavra e imagem na publicidade
- 95 3.1 O que é *imagem*?
- 97 3.2 Múltiplos da imagem
- 98 3.3 Imagem visual
- 101 3.4 Teorias sobre a imagem
- 103 3.5 Texto e imagem: primeiros passos
- 105 3.6 Estudos sobre texto e imagem na publicidade

108	3.7 A questão da dominância
110	3.8 Tipos de conexões entre texto e imagem

121	**A publicidade no "planeta internet"**
124	4.1 A estonteante evolução da internet
126	4.2 Digitalização e convergência das mídias
128	4.3 Da *Web* 1.0 à *Web* 2.0
131	4.4 Incremento dos dispositivos móveis
133	4.5 Transformações da linguagem escrita
134	4.6 Da escrita à hipermídia
138	4.7 Nasce uma nova linguagem
140	4.8 Tipos de leitores
149	4.9 Desafios da publicidade no digital
152	4.10 Novos formatos de produção e propagação publicitária

161	**O papel da redação publicitária no meio digital**
163	5.1 O campo expandido do marketing
165	5.2 Breve histórico do marketing digital
166	5.3 O perfil do marketing digital
171	5.4 Desafios do digital para o marketing
172	5.5 As vantagens do marketing digital
174	5.6 Panorama da publicidade digital
177	5.7 Breve histórico dos anúncios digitais
178	5.8 Formas dos anúncios *on-line*
182	5.9 Campos de ação do redator publicitário digital
186	5.10 Gêneros de redação publicitária digital
188	5.11 Guias para o redator
192	5.12 Vantagens da publicidade *on-line*
195	5.13 A publicidade digital não é feita só de flores

201	Para concluir...
204	Referências
210	Bibliografia comentada
214	Respostas
217	Sobre a autora

Grandes ideias vêm do inconsciente. Isso é verdade na arte, na ciência e na publicidade. Mas seu inconsciente tem que estar bem informado, ou sua ideia será irrelevante. Alimente sua mente consciente com informações, em seguida, deslanche o seu processo de pensamento racional. Você pode ajudar este processo, indo para uma longa caminhada, ou tomando um banho quente, ou bebendo meio litro de claret. De repente, se a linha telefônica do seu inconsciente está aberta, uma grande ideia brota dentro de você.

David Ogilvy, 2003.

Apresentação

Nesta obra, vamos mapear as condições atuais da redação publicitária direcionada à publicação em ambientes digitais. Para tanto, organizamos as informações de nível macro para nível micro, ou seja, partimos do geral e nos direcionamos gradativamente para o particular, para o alvo a ser atingido pelas informações precedentes até alcançar as consequentes: a redação publicitária tal como ela se configura no digital.

A palavra *redação* remete à palavra *escrita*. Redigir é, portanto, a arte da escrita e, para dominarmos essa arte, é preciso atingir certo domínio do código da língua, ou seja, dos princípios de organização do texto verbal. Ferdinand de Saussure (1969), grande linguista do século XX, afirma que **a língua é um tesouro coletivo**. Corroborando com essa ideia, Mikhail Bakhtin (1997) ressalta que somos seres dialógicos, ou seja, cada um de nós absorve a seu modo esse tesouro quando o transforma em fala e, embora seguindo todas as regras e sanções prescritas pelas leis da língua, cada falante imprime elementos de pessoalidade na própria fala, sempre alimentada pela fala alheia.

Quando redigimos, transpomos o código oral para outro sistema de codificação, que é a escrita. Embora ambos pertençam à matriz da língua, escrever implica aprendizado e prática distintos da fala, e é por isso que, para aqueles que têm como profissão a arte da escrita, conhecer as bases do modo de funcionamento da linguagem verbal é um ganho para as tarefas que desempenham.

Em função disso, iniciaremos esta obra, no Capítulo 1, abordando os modos como a linguagem verbal se organiza, com o objetivo de mostrar que existem leis para essa organização. No mesmo capítulo, apresentaremos o conceito de *texto* e seus tipos e discutiremos as diferenças entre texto e gênero discursivo, pois são conceitos fundamentais para compreender a redação publicitária, tanto em sua natureza de texto quanto de gênero de discurso. Ainda nesse contexto, não poderia faltar uma passagem pelas funções da linguagem, que, embora sobejamente conhecidas, devem ser lembradas em razão de sua relevância. Além disso, examinaremos as figurações da linguagem, tendo em vista o importante papel que desempenham na publicidade. Tudo isso caminha para desembocar na introdução a um dos conceitos-chave da publicidade: a *persuasão*, tema que abordaremos diversas vezes no decorrer desta obra.

Quais são os atributos que dão valor qualitativo a um texto? Eis uma pergunta que não poderia deixar de ser enfrentada quando se trata do tema *redação*. No Capítulo 2, delinearemos em termos gerais esses atributos para, depois, chegarmos ao particular: O que é um bom texto publicitário e quais suas funções no processo comunicativo? A que se destina o texto publicitário? Certamente, quando nos referimos à *redação publicitária*, não aludimos a um monólito, uma vez que ela também se desdobra de acordo com gêneros e subgêneros de discurso, com estratégias próprias. Com base nisso, especificaremos os atributos do discurso publicitário.

Com a invenção da fotografia, dos meios de gravação sonora, do cinema, do rádio e da televisão, a linguagem escrita perdeu a soberania quase exclusivista que manteve desde o surgimento dos tipos móveis de Gutenberg, de que decorreu a cultura livresca dominante até o final do século XIX. Curioso notarmos que, muito mais do que o jornal, a publicidade foi a primeira a explorar com desenvoltura as relações entre palavra e imagem e, em função disso, no Capítulo 3, analisaremos a redação publicitária em sua natureza híbrida, de linguagens que se misturam – o que foi se intensificando cada vez mais até atingir seu ápice atual na internet, em que o computador permite e facilita todas as misturas possíveis do texto com a imagem, o som e o audiovisual. Quando se trata de compreender as transformações da publicidade, torna-se necessário desenvolver um tipo de saber específico, aquele de encontrar o ponto exato em que imagem e texto, de algum modo, se interpenetram. Há várias modalidades de combinações entre texto e imagem, antecedidas por uma exploração sobre a natureza semiótica da imagem, que serão devidamente trabalhadas no capítulo em questão.

Pois bem, uma vez que analisaremos as questões gerais da criação publicitária no segundo capítulo e as junções entre palavra e imagem no terceiro capítulo, precisamos também apresentar os novos locais de inserção da redação publicitária: a saber, os ambientes da internet. Entrar na internet significa transformar a redação publicitária em publicidade digital. O título do Capítulo 4, "Planeta internet", pode até parecer exagerado em um primeiro momento. Entretanto, quando começamos a habitar os múltiplos e multifacetados ambientes desse meio, somos levados a reconhecer que não se trata de exagero. Nosso objetivo é apresentar as condições de habitação desse "planeta". Contudo, apesar de ser de grande relevância tomar conhecimento dessas condições, o que importa aqui não é a internet em si, mas as transformações que esses ambientes estão aptos a trazer para a redação publicitária. É por isso que terminaremos o capítulo com apontamentos sobre os novos desafios da internet para a publicidade e sobre a maleabilidade e plasticidade da redação publicitária para se reinventar em novos formatos.

No Capítulo 5, aprofundaremos as questões expostas no quarto capítulo. Primeiramente, é interessante ressaltar que marketing e publicidade são "irmãos siameses" porque, quando começam a habitar o universo digital, suas relações se estreitam e os limites entre um e outro se confundem. Por essa razão, faremos uma introdução sobre as novas facetas do marketing digital, suas implicações, seus tipos, bem como sobre os desafios e vantagens que a ele se apresentam. Essa breve jornada abrirá caminho para a rota exploratória das características da publicidade digital em suas diferentes formas. Uma vez que a finalidade do capítulo está na aproximação cada vez mais rente à redação publicitária digital, o foco será colocado no campo de ação daquele que realiza a tarefa de criar linguagem para a interatividade digital: o redator, que, ao redigir, materializa uma ideia criadora por meio dos recursos que o digital lhe oferece. Nas finamente intrincadas redes digitais, multiplicam-se os formatos possíveis da redação publicitária, inaugurando novos gêneros discursivos para a publicidade.

Sabemos que a internet está povoada de *blogs*, *sites* e entrevistas com profissionais experientes que têm realizado as tarefas de criar publicidade para a *web*. Por isso, ainda no Capítulo 5, faremos uma pequena seleção de ideias, sugestões e aconselhamentos trazidos por esses profissinais e finalizaremos apontando, de um lado, as vantagens que a internet abre para esse tipo de profissão e, de outro, o fato de que as redes, que também chamamos de *internet* ou de *web*, são "campos minados" nos quais temos de caminhar com atenção a nossos passos e ética em nosso olhar.

Ao fim, nosso objetivo central é tratar do tema com atenção para os detalhes da paisagem sob uma variedade de ângulos, a fim de colaborar para que esse campo da atividade humana fique mais bem conhecido, especialmente para aqueles que sonham em abraçar esse tipo de atividade como meta de vida.

Como aproveitar ao máximo este livro

Este livro traz alguns recursos que visam enriquecer o seu aprendizado, facilitar a compreensão dos conteúdos e tornar a leitura mais dinâmica. São ferramentas projetadas de acordo com a natureza dos temas que vamos examinar. Veja a seguir como esses recursos se encontram distribuídos no decorrer desta obra.

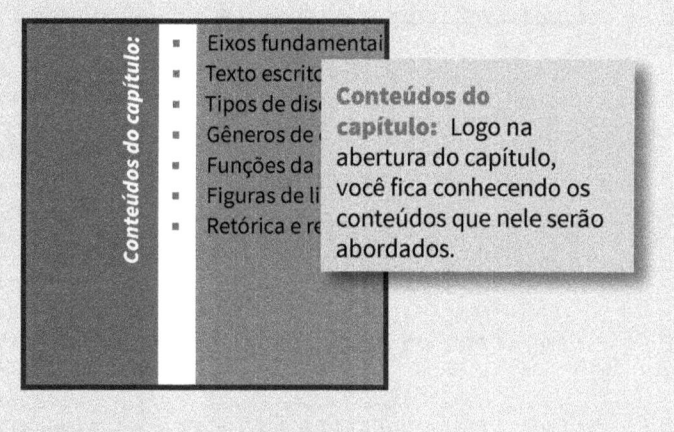

Conteúdos do capítulo:
- Eixos fundamentai
- Texto escrit
- Tipos de dis
- Gêneros de
- Funções da
- Figuras de li
- Retórica e r

Conteúdos do capítulo: Logo na abertura do capítulo, você fica conhecendo os conteúdos que nele serão abordados.

Após o estudo deste capítulo, você será capaz de:
1. entender os modo se organiza
2. dissertar so
3. definir *texto* texto e gên
4. aplicar as fi vista o impo publicidade
5. definir, com o conceito-c

Após o estudo deste capítulo, você será capaz de: Você também é informado a respeito das competências que irá desenvolver e dos conhecimentos que irá adquirir com o estudo do capítulo.

Perguntas & respostas

Mas qual o ingrediente fu[...]
É o tempo. Toda ação se d[...]
significa ordenar um acont[...]
rolar, mas toda ação pressupõe u[...]
Em uma narrativa, o agente é cha[...]
personagens em confronto são re[...]
narrativo.

> **Perguntas & respostas** Nesta seção, a autora responde a dúvidas frequentes relacionadas aos conteúdos do capítulo.

Em suma, a narrativa começa ond[...]

com as condições apresentadas p[...]

Estudo de caso

V[...]mos analisar aqui um exemplo
[...]rreu na primeira metade dos a[...]
[...]ava apenas começando a pene[...]
quela época, um dos temas dis[...]
ntíficos voltados para os debat[...]
levantavam argumentos quase fe[...]
bilidade de escrever cartas de am[...]
que o gesto de escrever com a ca[...]
a lentidão do desenho das palavr[...]

> **Estudo de caso** Esta seção traz ao seu conhecimento situações que vão aproximar os conteúdos estudados de sua prática profissional.

Para saber mais

Para um bom exemplo sob[...]
ouça a canção *Campo min*[...]

MARANHÃO, M.; MARCOS, M.; MA[...]
Jessé. In: JESSÉ. **O sorriso ao pé da esc**[...]

A respeito da função poética, bon[...]
encontrados em muitas letras de [...]
como *Outras palavras* e *Podres Po*[...]

VELOSO, C. Outras palavras. Intérprete: [...]
palavras. Philips Records, 1981.

> **Para saber mais** Você pode consultar as obras indicadas nesta seção para aprofundar sua aprendizagem.

Síntese
Neste capítulo, analisamos
mento da linguagem impre
termos gerais, o que vem a
preparatórias são essenciais para
a fim de que possamos aprofunda
capítulos desta obra. Dessa forma
próprios da redação publicitária e
da linguagem verbal. Abordamos
tipos de discurso (narrativo, descr
como as diferenças entre texto e

> **Síntese** Você dispõe, ao final do capítulo, de uma síntese que traz os principais conceitos nele abordados.

Questões para revisão

1) Exemplifique os dois eixos de l
isso, as partes que compõem u
montagem.

Explique, com as suas palavras
frase e um período.

Analise as afirmativas a seguir
correta:
a) A narrativa se constrói no e
b) O relato bem construído de

> **Questões para revisão** Com estas atividades, você tem a possibilidade de rever os principais conceitos analisados. Ao final do livro, a autora disponibiliza as respostas às questões, a fim de que você possa verificar como está sua aprendizagem.

Bibliografia com

e profundame
tratar. T
a segui
de exer
dicas q
todos a
pretendem op

CARRASCOZA, J.
sobre a retórica d
2003.

Em *Redação p*

> **Bibliografia comentada** Nesta seção, você encontra comentários acerca de algumas obras de referência para o estudo dos temas examinados.

1

Linguagem verbal: conceitos preparatórios

Conteúdos do capítulo:

- Eixos fundamentais da linguagem.
- Texto escrito.
- Tipos de discurso.
- Gêneros de discurso.
- Funções da linguagem.
- Figuras de linguagem.
- Retórica e recursos persuasivos.

Após o estudo deste capítulo, você será capaz de:

1. entender os modos como a linguagem verbal se organiza e as leis que existem para isso;
2. dissertar sobre o conceito de *texto* e seus tipos;
3. definir *texto* e identificar as diferenças entre texto e gênero discursivo;
4. aplicar as figurações da linguagem, tendo em vista o importante papel que desempenham na publicidade;
5. definir, com base nos conceitos anteriores, o conceito-chave da publicidade: a *persuasão*.

Neste capítulo, apresentaremos alguns conceitos imprescindíveis sobre o funcionamento da linguagem, a fim de analisarmos o que vem a ser a redação. Tratamos esses conceitos como preparatórios, ou seja, como elementos-base para que, no conteúdo dos próximos capítulos, possam ser entendidos e exemplificados os atributos que são próprios da redação publicitária e, a partir disso, da redação publicitária digital. Portanto, a abordagem que faremos aqui são as bases das teorias que trabalharemos no decorrer de todo o livro, afinal, saber como a linguagem funciona é sempre de grande ajuda para a inspiração, que é a "mola mestra" da redação publicitária.

1.1 Dois eixos fundamentais da linguagem

No início do século XX, quando buscava elaborar uma ciência da língua, o linguista Ferdinand de Saussure (1857-1913), considerado o pai do estruturalismo, procurou, antes de tudo, estabelecer a unidade mínima do sistema da língua, ou seja, uma unidade capaz de produzir sentido para os falantes de dada língua.

Assim, por exemplo, uma unidade mínima pode ser o simples artigo *a* presente em "a menina"; também podem ser consideradas unidades mínimas as palavras mais longas, como *habitação*, pois não é o tamanho que traduz o funcionamento como uma unidade mínima, mas sim o fato de produzir sentido.

No início deste século, na sua elaboração de uma ciência da língua, Saussure (1969: p. 79-84) chegou à delimitação de uma unidade mínima do sistema da língua, o signo linguístico, unidade inseparável de duas faces, a do significante e a do significado. O significante é a imagem acústica, isto é, imagem psíquica do som. Por exemplo, a palavra [p-o-r-t-o] tem uma imagem acústica diferente da imagem acústica de [p-o-r-c-o], ambas se distinguindo apenas em um traço mínimo, [t] na primeira e [c] na segunda. O significado, o outro lado da moeda, é o conceito, também psíquico. *[Porto]* significa o que significa porque não é *[porco]* e assim por diante. A língua é, em suma, um jogo combinatório de diferenças. (Santaella, 2001, p. 300)

Depois de chegar à unidade mínima que opera nesse jogo, Saussure (1969) buscou compreender como essas unidades (ou signos) se juntam umas às outras e chegou à conclusão de que há dois eixos estruturadores dos signos linguísticos, os quais são responsáveis pela organização das palavras em frases, sentenças e assim sucessivamente. São eles: o **eixo associativo por semelhança**, também chamado de *eixo da seleção*, que opera segundo a lógica da similaridade; e o **eixo da combinação**, também chamado de *eixo da contiguidade*, que opera de acordo com a lógica da sequencialidade. Vejamos como isso funciona.

Em qualquer frase estruturada da língua, como "O menino correu", no lugar do artigo *o*, poderíamos substituí-lo por *um*, *aquele* etc. No lugar de *menino*, a opção poderia ter sido *garoto*, *guri* etc. Portanto, quando escolhemos uma palavra, deixamos de escolher outras que ficam latentes. Essas palavras que concorrem em uma mesma posição mantêm, entre si, uma relação de **similaridade**, pois uma poderia substituir a outra na posição que ela ocupa na frase.

Por outro lado, as palavras que seguem linearmente umas às outras no discurso manifesto estão em uma relação de **contiguidade**. Ou seja, uma depois da outra, formando uma sequência de elementos em presença: em "O menino correu rapidamente", a cadeia de signos é linear e irreversível, um elemento depois do outro, um cedendo passagem ao outro, pois dois elementos não podem ocupar o mesmo lugar no espaço da escrita, do mesmo modo que, na oralidade, eles não podem ser pronunciados ao mesmo tempo.

Para que esses dois princípios de organização da língua não nos pareçam muito abstratos, é válido ressaltar que são justamente eles que operam em todas as outras linguagens, além da linguagem verbal. Perceber seu funcionamento em outros sistemas menos abstratos do que a língua, como o vestuário, a culinária, o sistema de trânsito, o mobiliário e a arquitetura, ajuda a entender a operacionalidade deles na língua.

Saussure (1969) já havia percebido isso quando comparou didaticamente uma unidade linguística a uma coluna de um edifício antigo. Essa coluna está em uma relação real de **contiguidade** com outras partes do edifício, a arquetrave, a janela, a fachada etc. Mas se, de acordo com a arquitetura antiga, a coluna for dórica, ela nos convidará à comparação com outros tipos de colunas (a jônica ou a coríntia), surgindo aí uma relação de similaridade ou substituição – associação esta que une termos em ausência, em uma série mnemônica virtual. Assim também, no vestuário, por exemplo, o eixo associativo por semelhança corresponderia às peças de vestimenta que ocupam um mesmo ponto do corpo: gorro, chapéu, boné etc. (cabeça); calça jeans, calça social, bermuda etc. (pernas); camisa, camiseta, blusa etc. (tronco e braços); casaco, capa, jaqueta, *blaser* etc. (tronco e braços). Quando nos vestimos, escolhemos, no guarda-roupa, de acordo com a ocasião, certa calça que é combinada com uma blusa e com determinada jaqueta, formando um sintagma, isto é, uma combinação de elementos em presença; e permanecem no guarda-roupa, em latência, as outras calças e as outras camisas, isto é, substitutos possíveis à espera de combinação em outro sintagma quando surgir a ocasião.

> As palavras que concorrem em uma mesma posição mantêm, entre si, uma relação de **similaridade**, pois uma poderia substituir a outra na posição que ela ocupa na frase. Por outro lado, as palavras que seguem linearmente umas às outras no discurso manifesto estão em uma relação de **contiguidade**.

Em outro exemplo, no caso da refeição, quando lemos o cardápio do restaurante, no item "entradas" há vários tipos de saladas; no item "carnes", um elenco de diversas carnes; no item "acompanhamentos", alguns tipos de comidas para acompanhar o prato principal escolhido; no item "sobremesas", uma série de doces ou frutas. Quando escolhemos itens do cardápio, combinamos uma sequência de pratos para compor o sintagma de nossa refeição.

Do mesmo modo, o mobiliário apresenta, no plano das associações por semelhança, variações de estilo de um mesmo elemento, diferentes tipos de cadeira, de mesa, de tapetes etc.; a arquitetura, por sua vez, apresenta diversas formas de telhados, sacadas, entradas etc. O sintagma compõe o todo; assim, a combinação ou o encadeamento em presença de uma sequência de elementos de mobília compõe o mobiliário, e uma sequência de elementos arquitetônicos, o conjunto de um edifício.

Essa mesma relação de ligação inseparável entre dois eixos de organização pode ser percebida de maneira bem simplificada na fabricação de produtos na linha de montagem. Assim, em uma fábrica de automóveis, as partes do carro (para-lamas, para-choques etc.) são produzidas separadamente, e o momento da montagem corresponde à disposição dessas peças em uma sequência de partes que compõem o carro com um todo, o "sintagma-carro".

Embora sigam a mesma lógica de engendramento da linguagem verbal, parece evidente que, nesses fenômenos culturais, os dois eixos se manifestam de maneira muito mais simplificada do que na língua. Embora a lógica seja a mesma, montar uma contiguidade na língua é muitíssimo mais complicado do que montar um carro. O eixo da similaridade na língua, conforme veremos a seguir, também tem uma complexidade que a fabricação das partes de um carro desconhece.

Assim, a noção de *contiguidade linguística* não se restringe a grupos de palavras, mas amplia-se nas unidades complexas de toda dimensão e de toda espécie (palavras compostas, derivadas, frases inteiras, textos completos). Uma sequência linguística, além disso, não significa simplesmente a mera somatória de elementos dispostos uns depois dos outros, pois implica a obediência a restrições que a presença de um elemento impõe àqueles que o acompanham. Uma frase que começa com o artigo *a* já determina a presença a seguir de um nome feminino – *menina*, por exemplo –, que determinará um verbo na terceira pessoa do singular, e assim por diante.

Mais complexa ainda é a associação por **semelhança**. As séries formadas nessas associações não se limitam a aproximar termos que apresentam um significado e um valor sintático comum, como exemplificamos anteriormente na frase "O menino correu". Embora a substituição de *menino* por *garoto* ou *guri* seja a mais evidente, as séries associativas são múltiplas, ocorrendo em várias direções ao mesmo tempo, ao sabor das similitudes.

Saussure (1969) exemplifica com a palavra *ensinamento*, que se liga às palavras *ensinar/ensinemos* por meio de um elemento comum, que é o radical. Mas essa mesma palavra pode estar ligada a outra série, baseada em outro elemento comum, que é o sufixo, como aparece em *armamento, desfiguramento* etc. A associação pode também estar baseada na semelhança do significado, como em *ensino, instrução, aprendizagem, educação* etc. e, ainda, na semelhança sonora, tal como aparece em *lento, vento* etc. Enfim, uma palavra pode evocar um número indefinido de associações por semelhança, em ordem indeterminada. Se associarmos as palavras *desejoso, caloroso, medroso*, nos diz Saussure (1969, p. 146), "ser-nos-á impossível dizer antecipadamente qual será o número de palavras sugeridas pela memória ou a ordem em que aparecerão. Um termo dado é como o centro de uma constelação, o ponto para onde convergem outros termos coordenados cuja soma é indefinida". É por isso que, muitas vezes, associações de palavras surgem em nossa mente e passam por nossas bocas em um processo que surpreende a nós mesmos.

> A língua é um tesouro coletivo que cada um de nós absorve em certa medida e até certo ponto, de modo que as operações de similaridade e de contiguidade entre termos são habilidades que colocamos em prática quando falamos ou escrevemos.

Tocado pelo poder desse par de relações, ainda nos anos 1960, Roman Jakobson (1971), linguista russo radicado nos Estados Unidos, expandiu sua aplicabilidade para vários tipos de linguagens não linguísticas. Extraindo sua inspiração nas figuras de linguagem, ele rebatizou a ordem sequencial sob o nome de *metonímia* e a ordem associativa por similaridade sob o nome de *metáfora*.

Na cultura, aparecem assim variados discursos de tipo metonímico e outros de tipo metafórico. Não se trata evidentemente de um recurso exclusivo a um dos dois tipos, pois sintagma ou metonímia e similaridade ou metáfora são **eixos indissociáveis**, um não pode existir sem o outro. O que Jakobson (1971) detectou, portanto, foi apenas o domínio de um sobre o outro em certos tipos de discurso. Desse modo, à ordem da metáfora pertenceriam os cantos líricos, as obras do romantismo e do simbolismo, a pintura surrealista, os filmes de Charles Chaplin (nos quais as fusões superpostas funcionariam como verdadeiras metáforas fílmicas) etc. À ordem da metonímia pertenceriam as narrativas épicas, as notícias de jornais, contos populares etc. (Barthes, 1971).

A noção de contiguidade linguística não se restringe a grupos de palavras, mas amplia-se nas unidades complexas de toda dimensão e de toda espécie (palavras compostas, derivadas, frases inteiras, textos completos).

Em seu estudo *Linguística e comunicação*, quando aborda a questão "Dois aspectos da linguagem e dois tipos de afasia", Jakobson (1971) apresenta uma versão minuciosa do funcionamento dos dois eixos da linguagem, auxiliando, quando falamos e quando escrevemos, a compreender e colocar em prática suas combinações.

1.1.1
Eixo da similaridade

O eixo que opera por similaridade, como visto, coloca os termos em latência, pois, ao escolhermos uma palavra para entrar em determinada posição e desempenhar dada função em uma frase, deixamos de escolher outra que, até certo ponto, também poderia estar naquele mesmo lugar. Também como já exposto, cada palavra, especialmente no caso dos elementos lexicais (substantivos, adjetivos, verbos e advérbios) deixa em latência uma constelação de outros possíveis termos que a ela, de algum modo, se assemelham. Além disso, Jakobson (1971) mostrou que há dois tipos de similaridade: a semântica e a posicional. Do mesmo modo, a contiguidade divide-se nos tipos semântico e posicional.

Similaridade semântica

O caso mais óbvio de similaridade semântica é o dos sinônimos. Por exemplo, quando perguntamos o que significa a palavra *solteiro*, a resposta é: "um homem não casado". É assim que operam os dicionários. Para saber os significados de um termo, são enumerados seus possíveis sinônimos. Por outro lado, o caso dos heterônimos também se enquadra na categoria da similaridade semântica e, do mesmo modo, em um contexto mais complexo, as paráfrases, ou seja, os conteúdos verbais refraseados, também funcionam dentro desse eixo de similaridade, quando se busca dizer a mesma coisa com palavras distintas, mas semanticamente similares. Enfim, nessa categoria, dizer o que é uma coisa é dizer a que ela se assemelha (Jakobson, 1971).

Quando se pensa na redação publicitária, a qual mantém, quase sem exceções, o texto verbal inseparavelmente ligado à imagem, essa categoria da similaridade semântica também opera entre texto e imagem, quando ambos expressam o mesmo conteúdo por meios diversos.

Essa questão será detalhadamente trabalhada em momento oportuno neste livro. Por enquanto, basta marcar que a similaridade semântica não é um privilégio do verbal com o verbal, mas também pode ocorrer entre o verbal e a imagem e, até mesmo, entre a imagem e o som, ou o texto e o som.

Similaridade posicional

A similaridade posicional ocorre quando, na sequencialidade das palavras em uma frase, em vez de uma palavra seguir à outra, obedecendo às suas diferenças sintáticas e semânticas, o eixo da similaridade que, via de regra, se mantém em latência projeta-se em presença. Uns poucos exemplos serão capazes de tornar isso claro, como quando dizemos enfaticamente "Ele é grande, grandioso", ou então "Ela é doce, uma meiguice". Um exemplo mais complexo deve tornar esse tipo de operação frasal ainda mais evidente. Trata-se da letra do poema "Acrilírico", de Caetano Veloso, Rogério Duprat e Rogério Duarte (1969), constituindo-se em exemplo otimizado da similaridade posicional:

> teu sorriso tudo isso.
> Tudo ido e lido e lindo e vindo do vivido

O *ido* se projeta em *lido*, que, por sua vez, se projeta em *lindo*, para prosseguir em *vindo* e acabar no *vivido*. É como se as palavras fossem se derramando umas sobre as outras, expandindo seu significado sem fronteiras.

1.1.2
Eixo da contiguidade

A contiguidade é o eixo constitutivo das palavras na sequência de suas presenças, uma palavra depois da outra, de forma que cada palavra é parte de um todo, ou seja, cumpre sua função como parte desse todo. É assim que operam as frases e as sentenças das línguas: cada palavra tem um papel a cumprir. Por isso, o caso típico da contiguidade é o da posicional.

Contiguidade posicional

A contiguidade posicional é o padrão de organização verbal, como ocorre em construções do tipo: "Joana acordou muito cedo, naturalmente, sem que qualquer ruído a tivesse despertado. Levantou lepidamente, abriu a janela e a claridade cristalina inundou seu quarto de luz. Deslumbrou-se com o azul do céu, abriu um sorriso e disse bom dia a si mesma". Mas há casos em que o detalhismo, o acúmulo de pormenores na sequencialidade das palavras é tal que chega ao ponto de atordoar o leitor. Para exemplificar esse acúmulo, Jakobson (1971, p. 60) cita o trecho de um conto de Uspenskij:

> De sob um velho boné de palha, com uma mancha negra na viseira, espreitavam dois tufos de cabelo que lembravam as defesas de um javali; um queixo que se tornara adiposo e balouçante estendera-se definitivamente por sobre o colarinho ensebado do peitilho de algodão e cobria de uma grossa camada o colarinho grosseiro do casado de tela, apertadamente abotoado ao pescoço.

Certamente, o uso excessivo de adjetivos na literatura faz parte de uma era em que as imagens ainda não estavam onipresentes em nossas vidas, cabendo ao texto literário preencher essa lacuna.

Contiguidade semântica

Menos comum do que a posicional é a contiguidade semântica. O que quer dizer isso? Para Jakobson (1971), a contiguidade opera à maneira de uma figura de linguagem, a metonímia (parte pelo todo), então veremos que a contiguidade semântica projeta, sobre a sequência das palavras, significados parciais interligados. Por exemplo: "Ele ganhou o pão de cada dia com o suor do seu rosto"; nessa frase, *pão de cada dia* é uma parte que remete a *sustento*, ao passo que *suor do seu rosto* remete a *esforço*. Ou em: "A pena deveria ter mais poder do que a espada"; nesse caso, *pena* está para *educação* e *espada* para *guerra*.

1.2
Texto escrito

A língua é constituída de unidades menores que se organizam em unidades maiores. Até agora, foi possível perceber que a unidade mínima, chamada de *signo linguístico*, vai se unindo a outros signos de acordo com dois eixos combinatórios, um eixo de seleção e outro de sequencialidade. São esses eixos que comandam a organização das **frases** e estas, por sua vez, se definem como enunciados que se completam, transmitindo sentido. Não importa o tamanho da frase, o que importa é sua capacidade de produzir sentido em si mesma. Uma só palavra já pode se constituir em uma frase: "Cuidado!"; ou poucas palavras também podem bastar: "Que belo dia!". Quando a frase contém um verbo ou uma locução verbal, ela é uma **oração**, como em: "O tempo tudo transforma". De fato, como já foi bem estudado pelos semanticistas, o verbo é o centro irradiador de uma oração.

Um **período**, por sua vez, define-se como uma frase constituída por uma ou mais orações. Quando o período apresenta uma única oração, ele é chamado de *simples*: "Pessoas caridosas cuidam do próximo". Quando tem mais de uma oração, é chamado de *composto*: "Não adianta reclamar, pois o tempo não volta atrás, apenas avança, sem que nossas fantasias possam transformar o que passou".

Sem prosseguirmos nas questões gramaticais – pois não é esse nosso foco aqui –, o que colocamos anteriormente demonstra que a linguagem, de fato, vai se organizando e crescendo de unidades menores para maiores, até se constituir em um texto composto por vários períodos que se combinam de modo **coeso** e **coerente**. Nos estudos da linguagem, entende-se por *texto* um todo complexo em que suas partes se conectam de maneira coesa. Isso distingue o texto da mera soma de frases desconectas. Por *todo coeso* não se deve entender a quantidade de palavras ou frases, pois uma simples palavra já pode se constituir em um texto quando inserida em um contexto adequado. Além disso, não se trata de "uma unidade meramente formal, mas pragmática, ou seja, aquela em cujo processo de significação também entram os elementos do contexto situacional" (Orlandi, 1983, p. 107). Isso quer dizer que todo texto existe em determinado contexto e em dada situação. Todo texto existe para atender a uma finalidade, e isso também vale para a redação publicitária, que deve encontrar o texto certeiro dentro de um contexto determinado, em uma situação reconhecível para uma finalidade bem definida.

Embora as possibilidades combinatórias de períodos em períodos possam parecer infinitas, existem, na realidade, três **tipos de discurso** que organizam os textos em um todo completo, a saber: descritivo, narrativo e dissertativo. Essa divisão deve ser a mais reconhecida. De acordo com Orlandi (1983), ela está subjacente a todas as outras classificações do discurso verbal, podendo também se misturar com elas. Vale notar que se trata de uma divisão mais otimizada na forma escrita do que na oral, uma vez que a oralidade é muito híbrida e nela se misturam vários outros elementos semióticos, como a entonação e o ritmo da fala, a gestualidade que a acompanha e até mesmo os movimentos próprios do rosto. Tudo isso vai compondo um enquadramento do significado que complementa as palavras. Vejamos, portanto, como se define cada um dos tipos de discurso.

> Todo texto existe para atender a uma finalidade, e isso também vale para a redação publicitária, que deve encontrar o texto certeiro dentro de um contexto determinado, em uma situação reconhecível para uma finalidade bem definida.

1.2.1
Texto descritivo

Quando descrevemos um objeto, uma pessoa, uma paisagem ou qualquer outra situação, realizamos uma atividade de **tradução para a linguagem verbal da apreensão sensória** que temos de coisas, ambientes e pessoas. Isso significa que só podemos descrever se, de algum modo, percebemos pelos nossos sentidos aquilo que está sendo descrito. Os sentidos que mais diretamente estão abertos para a apreensão daquilo que está lá fora são a visão, a audição, o tato, o paladar e o olfato, mas devemos considerar que a imaginação também funciona como um sentido interior, e é por isso que podemos também descrever uma paisagem ou situação imaginária com a qual sonhamos de olhos abertos ou fechados. Aquilo que os sentidos imediatamente captam são as qualidades das coisas: cores, formas, volumes, texturas, sons, cheiros etc. Descrever não é outra coisa senão traduzir essas qualidades para o texto verbal, especialmente por meio de preposições que indicam as posições das coisas no espaço (em cima, embaixo, do lado, perto, longe etc.) e, especialmente, por meio de adjetivos que são os meios que a linguagem verbal nos oferece para apresentar os atributos das coisas e das pessoas. Voltemos à continuidade da descrição elaborada por Uspenskij (citado por Jakobson, 1971, p. 60), um exemplar de texto que não faz economia dos adjetivos para descrever uma personagem: "Desse casaco emergiam, aos olhos do observador, mãos maciças com um anel que se afundara no dedo gordo, uma bengala com castão de cobre, um acentuado abaulamento do estômago e calças muito largas, de tecido semelhante a musselina, cujas largas bocas escondiam a ponta das botas".

1.2.2
Texto narrativo

Conforme já enunciado em Santaella (2001), a narração é o universo da ação, do fazer: ação que é narrada. Portanto, a narrativa verbal se caracteriza como o **registro linguístico de eventos ou situações**. Mas só há ação onde existe conflito, isto é, esforço e resistência entre duas coisas: ação gera reação e, dessa interação, germina o acontecimento, o fato, a experiência. Nessa perspectiva, aquilo que chamamos de *personagem* só se define como tal porque *faz* algo. E os movimentos desse fazer só se processam pelo confronto com ações que lhes são opostas, que lhes opõem resistência. Isso gera a história: factual, situacional, ficcional ou de qualquer outro tipo. Mas qualquer que seja o tipo terá sempre essa constante: conflito, coação, confronto de forças.

Na mesma linha, para Todorov (1979), o núcleo narrativo está na intriga. A intriga mínima completa consiste na passagem de um equilíbrio a outro, e uma narrativa ideal começa por uma situação estável que uma força qualquer vem perturbar, do que resulta um estado de desequilíbrio. Uma força dirigida no sentido inverso restabelece o equilíbrio. O segundo equilíbrio é semelhante ao primeiro, mas ambos nunca são idênticos, pois obstáculos tiveram que ser transpostos para que o equilíbrio se restabelecesse, mesmo que ele não seja positivo – é o que diferencia um final feliz de um final infeliz.

Perguntas & respostas

Mas qual o ingrediente fundamental da narrativa?

É o tempo. Toda ação se desenrola no tempo. Portanto, *narrar* significa ordenar um acontecimento no tempo de seu desenrolar, mas toda ação pressupõe um agente que a aciona. Em uma narrativa, o agente é chamado de *personagem*, e personagens em confronto são responsáveis pelo andamento narrativo.

Em suma, a narrativa começa onde verbos de ação se encadeiam para dar início a um conflito, uma intriga, um embate de alguma espécie, não importa quão lenta e digressiva possa ser a narração desse encadeamento de ações. Comparemos dois inícios narrativos:

> 1) "O homem aproximou-se da mesa e apanhou uma faca."
> 2) "Empunhando uma faca, o homem aproximou-se da mesa."

É possível perceber que a primeira hipótese parece dar início a uma narrativa sem conflito, portanto, sem história; e a segunda traz em si uma carga dramática que está na raiz de todo conflito do qual se engendra uma história.

1.2.3
Texto dissertativo

A dissertação é o universo das conceituações e das formulações de ideias abstratas. São operações mentais que traduzem textualmente conceitos definidos e coesamente estruturados. De fato, o ingrediente mais legítimo da dissertação é o conceito, ou tudo aquilo que é produzido por nossas convicções racionais. Daí o exemplo mais simples do conceito se encontra na **definição**, pois *definir* é arrumar as coisas em classes. Por isso, a dissertação é a linguagem das expressões abstratas e gerais. Uma expressão dá continuidade a outra que a antecedeu, e assim por diante. Nesse sentido, a dissertação se constitui como uma armação conceitual que busca a coerência na continuidade das ideias.

Quando dizemos "Esclareça melhor sua ideia", por exemplo, na realidade, pedimos àquele que nos fala que traduza em outra formulação o significado da formulação anterior. Quando lemos um texto dissertativo e não captamos o significado de algum conceito, também recorremos aos conceitos anteriores ou aos subsequentes, buscando neles a tradução do significado daquele conceito que ultrapassou nossa compreensão. Ou, ainda, quando dizemos: "Não entendo deste assunto", queremos realmente dizer: "Não estou familiarizado com esse tipo de abstração intelectual", pois, uma vez que os conceitos são tipos gerais, abstratos, eles exigem familiaridade e formação de hábitos mentais para ser captados, ou melhor, requerem um repertório de experiências intelectuais já acumuladas na memória (Santaella, 2001).

Exemplo de texto dissertativo é justamente este do primeiro capítulo desta obra, no qual pretendemos transmitir a você os conceitos e as definições fundamentais capazes de esclarecer o funcionamento da linguagem verbal. A intenção é criar uma espécie de plataforma de lançamento para que possamos seguir para o campo específico da redação publicitária, ou seja, para o tipo de funcionamento de linguagem que comparece no caso específico da linguagem publicitária.

Em resumo, a linguagem descritiva se refere a tudo aquilo que captamos por meio dos sentidos, ou seja, especialmente da visão, mas também do tato, da audição e até mesmo do paladar e do olfato. Por isso, na descrição, buscamos registrar tais impressões. A narração, por sua vez, diz respeito ao ato de contar, relatar um acontecimento. Pouco importa se o acontecimento é fictício, pois o que caracteriza a narração é o encadeamento das ações no tempo. Na dissertação, por outro lado, procura-se dar expressão a ideias abstratas, ou seja, que brotam das atividades intelectivas, mentais.

Embora a redação publicitária tenha como aspecto central sua concisão e brevidade, ela sempre acaba por se estruturar de acordo com princípios descritivos, narrativos ou dissertativos, especialmente quando se considera que o principal tipo de dissertação é o argumentativo-persuasivo, conforme será detalhado adiante.

1.3
Gêneros do discurso

Os modos de organização do texto em descrição, narração e dissertação são as formas mais gerais que nos possibilitam detectar qual é a orientação do texto em relação àquilo que pretende dizer, ou seja, se pretende descrever dada porção da realidade perceptível (descrição), se deseja contar uma história (narração) ou se busca uma forma de organização coerente de ideias abstratas (dissertação). Sendo gerais, esses modos não impedem que outros tipos mais situacionais de organização da linguagem falada ou escrita sejam percebidos e formulados. Tanto isso é assim que, entre os temas mais explorados pelos estudiosos da linguagem nos últimos anos, encontra-se o dos gêneros discursivos tal como foram elaborados por Mikhail Bakhtin (1895-1975), um dos maiores teóricos dessa questão.

Quando falamos ou escrevemos, segundo Bakhtin (citado por Pedrosa, 2006), emitimos **enunciados**. O autor não chama isso simplesmente de *palavra* ou *oração* porque estas não indicam seu endereçamento, são meros nomes gramaticais. O que interessa a Bakhtin é o fato de que orações são enunciadas por alguém e dirigidas a alguém. Assim, ele as chama de *enunciados*, para evidenciar o fato de que sempre se relacionam com o dizer do outro, daquilo que vem do outro e retorna para o outro, em um diálogo constante. Nessa medida, enunciados são atos comunicativos e, portanto, unidades reais do discurso.

Ora, os enunciados não são expressos a esmo, pois sempre se acomodam em fronteiras definidas por seu **caráter dialógico**, isto é, pela alternância da interlocução. São essas fronteiras relativamente estáveis que nos permitem delimitar as unidades enunciativas pelas características estruturais que lhes são comuns, de acordo com a atividade humana em que o diálogo se estabelece.

Não há atividade humana que não esteja permeada pelos enunciados verbais. A linguagem está em tudo, presente nas mais diversas esferas em que os seres humanos se encontram. À diversidade dessas esferas corresponde a variabilidade dos usos que nelas se fazem da linguagem, e são os enunciados que funcionam como indicadores das condições específicas e das finalidades a que tais usos se prestam. Em cada esfera, portanto, surgem tipos relativamente estáveis de enunciados. É desses tipos que emergem os **gêneros do discurso**, tão variados quanto são variadas as atividades humanas nas quais a linguagem é colocada em diálogo.

> Os enunciados não são expressos a esmo, pois sempre se acomodam em fronteiras definidas por seu caráter dialógico, isto é, pela alternância da interlocução.

Consequentemente, quando falamos e escrevemos, isso ocorre em concordância com gêneros de discurso, dentro de um elenco infindável de gêneros que são detectáveis porque, em cada atividade humana, os enunciados se organizam em formas relativamente padronizadas, o que permite que cada gênero tome forma com características que lhe são próprias.

Com base em Bakhtin, Pedrosa (2006) levanta as três dimensões constitutivas dos gêneros discursos:

a) conteúdo temático ou aspecto temático – objetos, sentidos, conteúdos, gerados numa esfera discursiva com suas realidades socioculturais;

b) estilo ou aspecto expressivo – seleção lexical, frasal, gramatical, formas de dizer que têm sua compreensão determinada pelo gênero;

c) construção composicional ou aspecto formal do texto – procedimentos, relações, organização, participações que se referem à estruturação e acabamento do texto, levando em conta os participantes.

Duas questões merecem atenção aqui. A primeira é que, muitas vezes, mesmo em conversas informais, formulamos nossos enunciados dentro de um gênero discursivo, ainda que não tenhamos consciência disso. A segunda questão diz respeito ao fato de que os gêneros têm uma realidade sócio-histórica, o que significa que alguns gêneros tendem a desaparecer com o tempo e novos gêneros surgem de acordo com as condições apresentadas pela historicidade.

Estudo de caso

Vamos analisar aqui um exemplo bem interessante que ocorreu na primeira metade dos anos 1990, quando a internet estava apenas começando a penetrar em nossa vida cotidiana. Naquela época, um dos temas discutidos nos encontros científicos voltados para os debates sobre as mídias, e que levantavam argumentos quase fervorosos, era sobre a possibilidade de escrever cartas de amor por *e-mail*. Discutia-se que o gesto de escrever com a caneta à mão sobre o papel e a lentidão do desenho das palavras, no ritmo do sentimento, estavam impregnados de uma aura poética que a frieza da tela do computador levaria embora, sem deixar rastros.

Hoje, depois de transcorridas duas décadas, a mera lembrança desse fato parece engraçada diante da tendência ao desaparecimento do gênero discursivo epistolar, tal como ele se caracterizava no passado, especialmente quando se pensa que, contemporaneamente, com os celulares onipresentes à mão, relacionamentos amorosos podem encontrar seu fim com uns poucos toques de letras no WhatsApp, por exemplo. Isso não significa que o gênero carta tenha deixado de existir, ele apenas passou por modificações adaptáveis aos sinais do tempo. É preciso compreender que os gêneros não são formas engessadas, mas sim mutáveis segundo condições sócio-históricas. Isso não implica cair no outro extremo, como se não houvesse certa estabilidade, muito relativa, de temas, composições e estilos que caracterizam um gênero.

No que se refere à redação publicitária, quando vista à luz dos gêneros bakhtinianos, é, sem dúvida, um gênero discursivo com características de composição e estilo muito peculiares, como analisaremos no Capítulo 2. Trata-se de um gênero, entretanto, que vem passando por modificações, implicando a preocupação com novas estratégias no contexto digital, conforme abordaremos no Capítulo 5.

1.3.1
Discursos primários e secundários

A heterogeneidade presente e crescente dos gêneros discursivos conduziu Bakhtin a uma grande divisão dos gêneros em primários e secundários.

Os **primários**, como o próprio nome diz, apresentam pouca complexidade e permeiam nossas atividades cotidianas, informais, espontâneas. São feitos de conversas trocadas em situações de contornos determinados; é o universo dos bilhetes, lembretes etc.

Os gêneros **secundários**, por sua vez, comparecem em situações comunicativas mais complexas e mediadas pela escrita, como a poesia, o teatro, o romance, o **texto publicitário**, as matérias jornalísticas, os textos acadêmicos, os ensaios filosóficos e as teses científicas. São textos que se elaboram "em sistemas específicos como a ciência, a arte, a política. Isso não significa que sejam refratários aos gêneros primários; nada impede, portanto que uma forma do mundo cotidiano possa entrar para a esfera da ciência, da arte, da filosofa, por exemplo" (Machado, 2005, p. 155).

Embora distintos, os gêneros primários e secundários partem de uma mesma fonte: os **enunciados verbais**. O que varia é o nível de complexidade: os primários são mais imediatos nas situações da vida cotidiana; os secundários são sempre mediados e mais institucionalizados, mas há trocas entre ambos, o que permite perceber que não há uma linha divisória muito estrita entre eles.

1.4
Funções da linguagem

Já expusemos que o texto pode se organizar de acordo com três grandes princípios norteadores: o descritivo, o narrativo e o dissertativo. Essas são as modalidades organizacionais gerais. Em termos específicos, os enunciados são produzidos em contextos, situações de diálogo e circunstâncias sócio-históricas determinadas. Sob esses aspectos, eles se estruturam em gêneros discursivos múltiplos e variados, podendo até mesmo evoluir no tempo. Além de tudo isso, textos existem de acordo com as funções comunicativas que os circunscrevem, determinadas de acordo com os **fatores** que atuam nos processos de comunicação. Vejamos:

- O **remetente** ou emissor envia uma **mensagem** a um **destinatário** (no caso desta obra, por exemplo, eu, autora, escrevo a você, leitor).
- Para ser eficaz, a mensagem requer um **contexto** a que ela se refere (aqui, esse contexto é composto pelos conceitos sobre os diferentes aspectos envolvidos no funcionamento da linguagem, ou seja, para que você compreenda o que escrevo, temos de compartilhar um **código** linguístico comum, nesse caso, a língua portuguesa).
- Não poderia haver comunicação se não houvesse um **canal de contato** que permitisse a transmissão da mensagem do remetente ao destinatário (neste caso, o canal é a tela do computador no qual inscrevo cada letra deste texto, que será depois impresso pela editora para que você, leitor, terá acesso).
- E, para ter sua atenção, o texto precisa ter um **diálogo**, ou seja, um chamamento que traga aquele que lê para mais perto de quem escreve.

O que temos, então, são os seis fatores implicados em todos os processos de comunicação: remetente, mensagem, destinatário, contexto, código e canal de contato. Desses seis fatores, Jakobson (1971) extraiu as seis **funções comunicativas** da linguagem:

1) Se o foco da mensagem está voltado para o remetente, a função resultante é a **emotiva**.
2) Se o ponto central está voltado para a própria mensagem, a função é a **poética**.

3) Quando o foco se volta para o destinatário, a função é a **conativa**.
4) Se a ênfase é colocada no contexto, disso resulta a função **referencial**.
5) Se o foco está no código, a resultante é a função **metalinguística**.
6) Se o que mais importa é o canal de contato, a função é a **fática**.

Em processos comunicativos, as funções se misturam, de forma que dificilmente poderia existir uma mensagem focada em apenas uma delas. Entretanto, há sempre certa dominância de uma ou umas sobre as outras. Abordaremos, a seguir, cada uma delas[1].

1.4.1
Função emotiva

Emotiva é a função centrada no emissor da mensagem.
À função emotiva importa dar expressão àquilo que o emissor sente em relação ao que diz. O exemplo mais cabal dessa função encontra-se nas interjeições, que funcionam como colorações do estado de ânimo do emissor.

1.4.2
Função poética

A função poética predomina quando o foco da mensagem se volta para o processo construtivo da própria mensagem. Por isso, o que caracteriza fundamentalmente a função poética é a projeção do eixo das similaridades de significado

---

[1] Na seção "Para saber mais", ao final deste capítulo, você encontra outros exemplos de cada uma das funções abordadas aqui. Para tanto, optamos por selecionar canções consagradas da música popular brasileira.

e de sonoridades, em aliterações, ecos e reverberações, sobre a contiguidade. Produzem-se, assim, hesitações entre o som e o sentido, teias de palavras que se entretecem devido à porosidade das fronteiras entre palavras – palavras que entram e saem de dentro de palavras –, enfim, em razão de um verdadeiro manancial de sentidos possíveis nunca definitivos.

1.4.3
Função conativa

Também chamada de *apelativa*, a função conativa orienta-se para o destinatário da mensagem. Sua expressão gramatical mais pura encontra-se no vocativo e no imperativo. Orações vocativas ou imperativas dirigem-se diretamente para quem recebe a mensagem emitida e, mesmo quando não se expressam evocativamente, enunciados apelativos apresentam uma função encantatória. Há muitas canções de amor com ênfase nessa função.

1.4.4
Função referencial

O que sobressai na função referencial é dar a conhecer aquilo sobre o que se fala. Portanto, nela domina o fator informativo. O que mais importa nessa função é o contexto e, por isso, as mensagens que a transmitem são, tanto quanto possível, denotativas, cognitivas. Notícias de jornal costumam dar expressão a essa função. Do mesmo modo, muitas mensagens narrativas, que visam contar uma história, são aquelas que elegem como prioridade informar sobre aquilo a que a mensagem se refere.

1.4.5
Função metalinguística

Ao passo que a função referencial informa sobre algo, a função metalinguística trata sobre a própria linguagem. Embora muito comum no discurso científico, sem que estejamos atentos a isso, utilizamos essa função da linguagem muito mais frequentemente do que pensamos. Quantas vezes perguntamos a nosso receptor: "Você está entendendo o que quero dizer?". Eis aí a função metalinguística em operação. Ou, então, quando entra em nosso discurso uma palavra que o receptor desconhece e, incitados por ele, somos levados a explicá-la. Isso acontece muito em diálogos com as crianças ainda em fase de aquisição de vocabulários menos corriqueiros. Por exemplo, "O que é afobada?", pergunta uma criança de 5 anos para a tia. Nessas ocasiões, quando somos obrigados a procurar termos equacionais, praticamos estritamente a função metalinguística.

1.4.6
Função fática

Há mensagens que não cumprem outra função a não ser prolongar, interromper, testar a comunicação, na busca de verificar se o canal, pelo qual a mensagem é transmitida, está funcionando devidamente. Além desse teste objetivo, característico da função fática, existe também outro tipo de manifestação dessa função, de caráter mais psicológico: quando o emissor busca contínua ou intermitentemente confirmar a atenção do receptor sobre si. "Você está prestando atenção no que estou falando?" – tal pergunta é exemplo típico desse pendor da mensagem, para manter o contato custe o que custar. Muitas vezes, essa função não desempenha outro papel senão o de prolongar a comunicação.

A redação publicitária faz uso de algumas dessas funções com assiduidade. A função referencial, por exemplo, é imprescindível, pois dela dependem as informações sobre o produto que está sendo veiculado. Os aspectos emotivos também são fundamentais para atrair sentimentos positivos no receptor. Contudo, um dos grandes segredos da linguagem da publicidade consiste em trazer o receptor para dentro do texto, ou seja, dirigir-se diretamente à sua pessoa, à sua individualidade – questões estas que serão mais detalhadamente tratadas no Capítulo 2.

1.5
Figuras de linguagem

Há um consenso em se definir as *figuras de linguagem* como recursos verbais que são utilizados para tornar as mensagens mais expressivas. Como a expressividade verbal alcança seu ápice na literatura, tanto em prosa quanto em poesia, essa área se constitui no campo de estudo mais propício para as figuras de linguagem, especialmente porque é no contexto das obras literárias que podem ser encontrados os exemplos mais eficazes de figuras de linguagem.

> Entretanto, as figuras também podem estar presentes em textos não literários. Elas são fecundas na área da **redação publicitária**, pois, nesta, a criação de formas expressivas auxilia na tarefa primordial da publicidade, que é a de "fisgar" a atenção do receptor, trazendo-o para a mensagem de uma maneira sedutora.

As figuras de linguagem costumam ser estudadas basicamente sob quatro ângulos:

1) figuras de som;
2) figuras de construção;
3) figuras de palavras;
4) figuras de pensamento.

Cada um desses ângulos tem uma importância própria.
A seguir, indicaremos brevemente as principais figuras de som, que são sempre muito eficazes para criar uma atmosfera de canto nas palavras.

1.5.1
Figuras de som

As figuras de som que se constituem na alma da poesia são:

- **Aliteração**: repete de modo ordenado, palavra a palavra, os mesmos sons consonantais.
- **Assonância**: repete ordenadamente sons vocálicos idênticos, criando ecos e reverberações.
- **Paronomásia**: aproximação de palavras de sons parecidos, mas de significados distintos.

1.5.2
Figuras de palavras

Agora, passaremos a nos deter especificamente nas figuras de palavras mais conhecidas, que são a metáfora e a metonímia. Essas figuras são centrais em quaisquer tratados sobre retórica. Isso se explica porque são, de fato, aquelas mais exploradas tanto na oralidade quanto na linguagem escrita.

Metáfora

Desde Aristóteles, a metáfora é a figura de linguagem mais estudada ao longo dos séculos. O que já foi escrito sobre a metáfora preencheria prateleiras sem fim e, por isso, nos ateremos apenas àquilo que possa trazer contribuições para pensar e praticar a redação publicitária. Em seu sentido mais corrente, a *metáfora* é definida como uma figura na qual uma palavra ou frase que denota uma espécie de objeto ou ação é usada no lugar de outra para sugerir uma semelhança ou analogia entre ambas (Santaella, 2001); por exemplo: "Seus olhos de azeitona me comovem".

Muitos compreendem a metáfora à luz da **analogia**, ou seja, explicam-na como uma analogia implícita, considerando que as metáforas vão além e são mais poderosas do que as meras comparações. Vejamos: "João é tão forte quanto um leão" (comparação); ou então: "João é um leão" (metáfora). Mas o que acaba sendo comum a todas as explicações é o critério da **similaridade**, pois é justamente ele que nos leva a distinguir a metáfora de outras figuras de linguagem. Vejamos um exemplo:

> Atiro minhas tristes redes
> Aos teus olhos oceânicos.
> (Neruda, citado por Oliveira, 1998, p. 124)

Segundo Oliveira (1998, p. 124), "Tristes redes são desvios que enlaçam, nos desejos e esperanças do amador, o profundo azulado dos olhos. O exercício da paixão é assim levado a assemelhar-se ao gesto do pescador no lance de malhas e redes". Ainda para o mesmo autor, a visualidade de imagens que é própria da poesia vem da metáfora, ou é emprestada por ela. O poema, em si, carrega um caráter que possibilita ver o mundo por meio da metáfora.

A publicidade está recheada de usos breves, mas altamente contundentes, de metáforas. Por outro lado, tendo em vista o poder desse recurso na redação publicitária, existe um grande número de ensaios teóricos sobre seu emprego. Basta uma busca das mais simples no Google para ficar surpreendido com os resultados. Seguem alguns exemplos de metáforas que ficaram facilmente gravadas em nossa memória:

- "SporTV, o canal campeão."
- "Não é nenhuma Brastemp."
- "Skol – A cerveja que desce redondo."

Sob esse aspecto, é curioso notar que nem sempre as metáforas publicitárias são verbais. A sofisticação dos recursos gráficos, especialmente em meio digital, fez crescer o uso de metáforas visuais, algumas nem sempre bem-sucedidas, mas outras altamente refinadas e admiráveis.
Nas figuras a seguir, mostramos alguns exemplos.

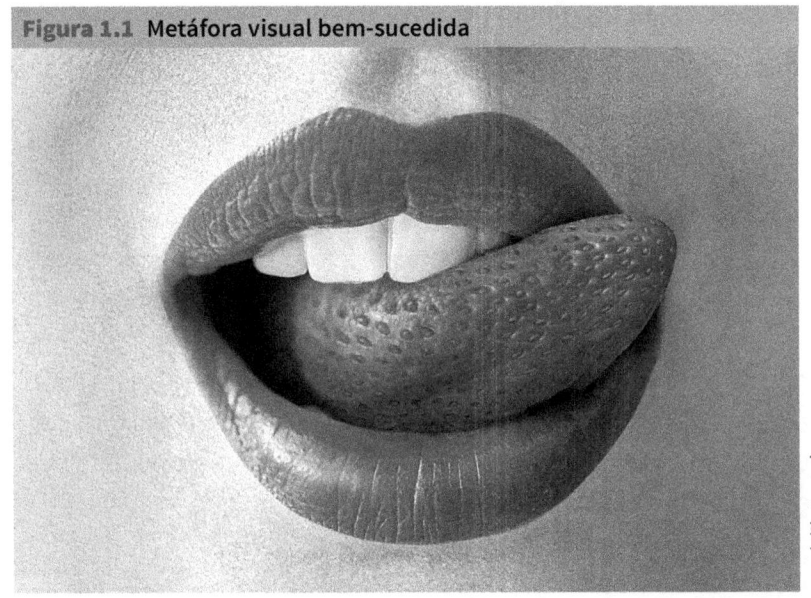

Figura 1.1 Metáfora visual bem-sucedida

Figura 1.2 Metáfora visual refinada

Creative Director/Copywriter: Scott Robertson, Art Director: Troy O'Brien, Photographer: Francis George

Metonímia

De forma muito semelhante à metáfora, a *metonímia* também consiste em uma transposição de significado. Em outras palavras, um termo que tem significado próprio é usado com outro significado. Mas há diferenças: na metáfora, essa transposição obedece ao princípio da semelhança e, na metonímia, obedece a uma relação lógica entre os termos, que se caracteriza, quase sempre, como a **relação da parte pelo todo**. Alguns definem a metonímia como a substituição de um termo por outro entre os quais existe alguma proximidade: "Vi a revoada de pássaros no azul da tarde", mostra que o azul está no lugar de céu, com o qual, além de ter uma proximidade, também mantém uma relação de parte para o todo. Entretanto, para que uma parte se alce ao *status* do todo, sua caracterização, via de regra, necessita de uma transferência de significados que lhe dê poder para tomar o lugar do todo.

Para a maioria dos autores, a parte pelo todo é apenas um dos tipos de transposição que caracteriza a metonímia, pois há uma variedade de outros tipos, como o efeito pela causa ou vice-versa, o continente pelo conteúdo, o abstrato pelo concreto, o singular pelo plural etc.

A publicidade também está pontilhada de exemplos metonímicos de nomes de marcas que ocuparam o lugar dos nomes dos produtos. A marca Gillette é um exemplo clássico, seguido por Nescau, Sucrilhos, Xerox, Super Bonder etc. Isso ocorre até o ponto de as pessoas não lembrarem que esse é o nome da marca, e não do produto daquela marca.

1.5.3
Figuras de pensamento

Aqui nos deteremos nas figuras de pensamento mais conhecidas: ironia e hipérbole. Assim como acontece com a metáfora e a metonímia, quando passamos para as figuras de pensamento, são a ironia e a hipérbole que surgem com mais frequência nos discursos oral e escrito.

Ironia

A *ironia* consiste em apresentar um termo em **sentido oposto** ao usual, a fim de produzir um efeito crítico ou humorístico. Para ser compreendida, a ironia implica que o receptor tenha a capacidade de perceber o duplo sentido da frase ou do texto. Isso porque a ironia transmite algo, mas, na realidade, quer dizer o contrário.

Hipérbole

A hipérbole é própria do **exagero**. Exagera-se para chamar mais atenção sobre aquilo que se quer transmitir, em uma linguagem superlativa. Exemplo: "Perdi-me no cipoal do seu amor". De certo modo, todo texto publicitário é superlativo, mesmo quando isso não fica nele explícito, pois esse tipo de texto jamais tratará de seu tema com modéstia. Os benefícios, as qualidades e as positividades daquilo que é veiculado na linguagem têm de ser enfatizados. Assim como a metáfora, há um grande número de hipérboles visuais no discurso publicitário.

Figura 1.3 Exemplo de hipérbole na publicidade[1]

1.6
Retórica

Segundo Nöth (1990), na Grécia Antiga, a retórica nasceu como a arte e a teoria do discurso público. Portanto, tratava-se de um discurso oral proferido por um orador com a finalidade de convencer o público acerca daquilo que pretendia defender. Gradativamente, no decorrer do tempo, a concepção e os usos da retórica foram se modificando. Em primeiro lugar, ela deixou de ser uma arte de persuadir em um contexto social para se tornar uma arte da mera eloquência. Depois, converteu-se em uma arte das habilidades verbais de certos indivíduos. Por fim, adquiriu até mesmo o significado de uma arte produzida com a finalidade de manipular o receptor.

Assim, do ensino da elocução, a retórica passou a ser estudada como um sistema elaborado de ornamentos do

---

[1] Tradução da propaganda: "Pedigree para cachorros fortes".

discurso por meio da utilização das figuras de linguagem. Foi nesse ponto que essas figuras se tornaram partes da retórica, até atingirem o ápice na retórica literária.

O modo mais simples de definir a retórica é considerá-la como um tipo de uso da linguagem que visa produzir um efeito significativo no receptor. É por isso que nela predomina a função apelativa da linguagem. Os três modos de apelo levantados por Aristóteles continuam válidos até hoje:

1) **Apelo ético**: diz respeito às virtudes do orador.
2) **Apelo emocional**: envolve os afetos do receptor.
3) **Apelo racional**: refere-se aos argumentos desenvolvidos no discurso.

Ainda na Antiguidade Clássica, depois de Aristóteles, Cícero considerou apenas dois fatores para a arte da retórica: 1) função emocional e 2) função didática. Por sua vez, Orácio acrescentou mais uma função, aquela de causar prazer, ou seja, deleitar (Nöth, 1990).

Segundo Nöth (1990), no período romano, desenvolveu-se uma teoria sobre a construção de um bom discurso, a qual afirma que este deve se constituir de seis partes: 1) introdução; 2) narração: declaração do caso e dos fatos; 3) divisão: levantamento de seus pontos principais; 4) confirmação: argumentos a favor; 5) refutação: argumentos contrários; e 6) conclusão.

1.6.1
A arte da persuasão publicitária

Os modelos de construção de bons discursos certamente só se aplicam a textos longos, o que não é o caso da redação publicitária. Todavia, isso não faz esse campo ficar alheio à retórica. Ao contrário, a publicidade é justamente um dos discursos modernos em que modalidades muito específicas de retórica e de uso de figuras de linguagem se desenvolvem. Isso porque o discurso publicitário, não importa quão breve ele possa ser, visa produzir algum tipo de convencimento no receptor. Assim, ele existe para persuadir o receptor acerca de algo que possa lhe trazer proveito, satisfazer, preencher algumas de suas necessidades e, mais do que isso, alguns de seus desejos, enfim – que possa lhe trazer bem-estar e lhe conceder o privilégio de estar alegre e de ser feliz.

Persuadir significa levar a crer. Ora, a linguagem corriqueira, em sua função puramente referencial, não persuade ninguém, apenas comunica algo. A persuasão, portanto, deve envolver um trabalho com a linguagem, o emprego de recursos que, de algum modo, cativem o receptor. É nesse momento que entram em cena as figuras de linguagem, tanto as figuras sonoras, com os ecos e as reverberações de seus trocadilhos e jogos de palavras, quanto as figuras de palavras e de pensamento, como comparações, metáforas e hipérboles. Sobretudo, quando se trata da publicidade, o modo verbal imperativo e o uso do vocativo devem entrar em ação. Para tanto, é preciso ter em mente a quem o texto é dirigido, ou seja, é necessário conhecer aquilo que a publicidade chama de *público-alvo*. Nessa área de atuação, a eficácia de um discurso depende muito do estado de alerta de quem o emite em relação a quem pode ou deve recebê-lo.

Para saber mais

Para um bom exemplo sobre a função emotiva, procure e ouça a canção *Campo minado*, interpretada por Jessé:

MARANHÃO, M.; MARCOS, M.; MAXCILLIANO. Campo minado. Intérprete: Jessé. In: JESSÉ. **O sorriso ao pé da escada**. RGE, 1983.

A respeito da função poética, bons exemplos podem ser encontrados em muitas letras de canções de Caetano Veloso, como *Outras palavras* e *Podres poderes*:

VELOSO, C. Outras palavras. Intérprete: Caetano Veloso. In: _____. **Outras palavras**. Philips Records, 1981.

VELOSO, C. Podres poderes. Intérprete: Caetano Veloso. In: _____. **Velô**. PolyGram, 1984.

A função apelativa pode ser exemplificada muito facilmente por canções de amor, como a música *De tanto amor*, de Roberto Carlos:

CARLOS, R.; CARLOS, E. De tanto amor. Intérprete: Roberto Carlos. In: CARLOS, R. **Roberto Carlos**. Columbia Records, 1994.

Um bom exemplo de função referencial presente nas canções populares brasileiras é a composição *A terceira lâmina*, de Zé Ramalho:

RAMALHO, Z. A terceira lâmina. Intérprete: Zé Ramalho. In: _____. **A terceira lâmina**. Epic Records, 1981.

Há uma canção, na música popular brasileira, que exemplifica a função metalinguística de maneira magistral:

JOBIM, A. C.; MENDONÇA, N. Samba de uma nota só. Intérprete: Tom Jobim. In: GETZ, S.; BYRD, C. **Jazz Samba**. Verve Records, 1962.

Outro exemplo magistral na canção brasileira, dessa vez a respeito da função fática, encontra-se em *Sinal fechado*, de Chico Buarque:

PAULINHO DA VIOLA. Sinal fechado. Intérprete: Chico Buarque de Holanda. In: HOLANDA, C. B. de. **Sinal fechado**. Universal Music Japan, 1974.

Um bom exemplo de aliteração é o poema *Acrilírico*, de Caetano Veloso:

VELOSO, C.; DUPRAT, R.; DUARTE, R. Acrilírico. Intérprete: Caetano Veloso. In: VELOSO, C. **Caetano Veloso**. Philips Records, 1969.

E um ótimo exemplo de assonância é a letra de *Linha do Equador*, de Djavan e Caetano Veloso:

DJAVAN; VELOSO, C. Linha do Equador. Intérprete: Djavan. In: DJAVAN. **Coisa de acender**. Sony Music, 1992.

Síntese

Neste capítulo, analisamos os conceitos sobre o funcionamento da linguagem imprescindíveis para compreender, em termos gerais, o que vem a ser a redação. Essas concepções preparatórias são essenciais para formar uma base estrutural a fim de que possamos aprofundar o tema nos próximos capítulos desta obra. Dessa forma, apresentamos os atributos próprios da redação publicitária e os modos de organização da linguagem verbal. Abordamos o conceito de *texto* e os tipos de discurso (narrativo, descritivo e dissertativo), bem como as diferenças entre texto e gênero discursivo.

Também examinamos os eixos fundamentais da linguagem – similaridade e contiguidade, ambas em seus âmbitos semântico e posicional. Depois, tendo em vista o papel importante que desempenham na publicidade, elencamos as funções e as figurações da linguagem, além de tratarmos da retórica. Todos esses elementos formaram a base para conceituarmos a *persuasão*, pois trata-se de tema recorrente nesta obra.

Questões para revisão

1) Exemplifique os dois eixos de linguagem usando, para isso, as partes que compõem um automóvel em linha de montagem.

2) Explique, com as suas palavras, a diferença entre uma frase e um período.

3) Analise as afirmativas a seguir e assinale a alternativa correta:
   a) A narrativa sewwonstrói no eixo da espacialidade.
   b) O relato bem construído de uma história é feito de generalidades.
   c) Narrar é encadear sequências de ações no tempo.
   d) A narrativa se reporta a fatos reais, e não a ficções.
   e) A narrativa só pode ser expressa por meio da linguagem verbal.

4) Analise as afirmativas a seguir e assinale a alternativa **incorreta**:
   a) Os gêneros primários do discurso são de extrema complexidade.
   b) Além das modalidades organizacionais, os discursos apresentam gêneros.
   c) Além dos gêneros, existem as funções da linguagem.
   d) A função apelativa domina no discurso publicitário.
   e) As figuras de linguagem também têm presença no texto visual.

5) Por que a retórica é um fator importante na publicidade?
   a) A importância da retórica na publicidade é relativa, pois os textos publicitários são curtos.
   b) A retórica tem por função ajudar na construção de textos metalinguísticos.

c) A retórica é uma doutrina antiga que não se aplica ao mundo moderno.
d) A retórica apresenta recursos para criar o efeito da persuasão.
e) A retórica moderna se limita aos discursos jurídicos.

2

Redação publicitária e seus atributos

Conteúdos do capítulo:

- Qualidade do texto.
- Natureza da publicidade.
- Retórica da publicidade.
- Argumentação, persuasão e manipulação.
- Sugestão, sedução e persuasão.
- Gênero e os subgêneros da redação publicitária.

Após o estudo deste capítulo, você será capaz de:

1. identificar os atributos que dão valor qualitativo a um texto;
2. identificar aspectos do texto publicitário, bem como seu papel e suas funções no processo comunicativo;
3. dissertar sobre a que se destina o texto publicitário.

Neste capítulo, apresentaremos as características próprias da redação publicitária como tipo de texto e como gênero de discurso, com os traços e as finalidades que lhe são específicos. Para isso, analisaremos a redação com base nos princípios de qualidade de um texto em geral, para, então, definirmos os atributos e as funções do texto publicitário no processo comunicativo. Além disso, abordaremos as estratégias que guiam os diferentes gêneros de redação publicitária e os atributos imprescindíveis a ela.

2.1 Qualidade do texto

Quando nos referimos à redação publicitária, logo nos vem à mente a criação de um anúncio como parte do marketing de um produto, de uma iniciativa, de uma instituição etc. Embora essa seja, de fato, uma tarefa que cabe ao redator publicitário, talvez a mais importante, há outras que também fazem parte dos atributos dessa profissão, tais como escrever o texto de um folheto, fôlder, *banner* ou tuíte ou escrever um texto institucional etc. Assim, podemos afirmar que o redator publicitário é aquele que escreve textos – não qualquer texto, mas aquele que se enquadra em um gênero específico com exigências próprias: a publicidade.

Antes de abordarmos essas especificidades, mantendo na memória o que foi definido como *texto* no Capítulo 1, ou seja, uma unidade complexa de significação com nível superior à frase e com coesão que a distingue de uma simples soma de frases, passemos à explicitação do que vêm a ser os componentes que fazem de um texto o que ele deve ser: a unidade, a coesão e a coerência.

2.1.1
Unidade

O texto está longe de ser entendido como mera sucessão de frases, pois ele se define como um todo complexo, composto de partes interdependentes, de forma que uma parte é necessária para podermos compreender as outras, o que é garantido por meio do uso dos diversos mecanismos de sequencialidade que a língua possibilita, especialmente pelo encadeamento com base no que chamamos de *tópico frasal*. Este é definido como a ideia central, aquela que se constitui no núcleo temático de uma frase. Assim, o tópico frasal é introduzido por uma oração que propõe o tema a ser desenvolvido no parágrafo, e é em torno dele que o conteúdo de um parágrafo se estrutura, pois todo tópico exige ser explorado por meio de comentários, explicações, fundamentações, exemplos, confrontos e evidências.

Quando o tópico é exposto logo no início, facilita que leitor compreenda a ideia que o autor pretende passar, ideia essa que se complementa nas orações subsequentes do parágrafo. Exemplo de um tópico frasal: "A Farfetch introduz suas publicidades de roupas insistentemente nas páginas das redes. Entretanto, seus preços de marcas famosas só são acessíveis a classes de mulheres muito ricas". Com base nesse tópico, não apenas o parágrafo pode se desenvolver, mas todo um texto, tanto na forma descritiva, em que alguns exemplos de roupas são apresentados e comentados, quanto na forma narrativa, quando uma história relativa a esse tópico é desenvolvida. Um texto dissertativo também poderia ser estruturado pela organização de ideias gerais e abstratas, por exemplo, sobre as condições de privilégio de classe econômica para alguns tipos de mercadorias.

Quando passamos do período para o texto, evidentemente, a concatenação de ideias vai se tornando mais complexa. Entretanto, para isso, também há princípios que podem garantir a unidade de um texto. Os mecanismos de sequencialidade, sucessão, encadeamento e concatenação do conteúdo de um texto são cabíveis a qualquer tipo de texto, porém, até determinado ponto. Esses elementos apresentam certas especificidades em razão de leis diferenciadas que são próprias dos princípios e modos de organização narrativos, descritivos e dissertativos, isto é, cada um desses modos de organização apresenta tanto ingredientes composicionais quanto leis próprias de encadeamento e concatenação discursivos (Santaella, 2014a).

2.1.2
Coesão

De todo modo, o que cumpre reter, como ponto de partida, é que em todos e quaisquer desses modos de organização textual, a coesão, a coerência e o potencial para convencer são os ideais mais gerais a que todo texto deve aspirar.
Os estudos de Koch (2006) sobre esse tema são fundamentais. Para essa autora, "o texto não se constrói como continuidade progressiva linear, somando elementos novos com outros já postos em etapas anteriores, como se o texto fosse processado numa soma progressiva de partes" (Koch, 2006, p. 85). Em todo texto, existem movimentos projetivos e retrospectivos, ou seja, movimentos para frente e de discreta retomada do que já foi dito. "Em sentido estrito, pode-se dizer que a progressão textual se dá com base no **já dito**, no que

será dito, no que é **sugerido**, que se codeterminam progressivamente" (Koch, 2006, p. 85, grifo do original).

Nesse mesmo sentido, Elisa Guimarães, em seu livro *A articulação do texto* (2007), apresenta um estudo breve, mas profundamente esclarecedor da questão. Para a autora, a articulação textual, do nível micro ao macro, depende da articulação dos elementos temáticos, da integração entre as partes do texto e das variações da estrutura.

No que se refere à articulação dos elementos temáticos, o texto estabelece relações lógicas e de redundância.

As **relações lógicas** coincidem com aquilo que Koch (2006) chamou de *movimentos projetivos* e *movimentos retroativos* e que Guimarães (2007) denomina de *movimentos de antecipação e de retroação*. Para ambas as autoras, portanto, todo texto mantém sua coesão por meio de fios de ligação que criam uma concatenação do tipo vai e vem. São essas operações que permitem que o leitor possa captar o significado do texto à medida que realiza reagrupamentos de ideias.

As **relações de redundância** são aquelas que favorecem o desenvolvimento temático, permitindo "um jogo regrado de retomadas a partir do qual se fixa um fio textual condutor" (Guimarães, 2007, p. 21). Portanto, a coesão entre as partes que compõem o texto depende "das relações que o todo entretém com cada unidade que permitirá o **encadeamento** capaz de transformar o eixo de sucessividade em **concatenação**" (Guimarães, 2007, p. 25, grifo do original). A essência do texto consiste de uma "rede de relações" que lhe garante a coesão e unidade, ou seja, "sua perfeita articulação".

2.1.3
Coerência

Intimamente ligada à coesão, a coerência resulta, antes de tudo, das **relações de significado** entre as palavras, importante instrumento articulatório do texto. Como podemos ver, o que entra em operação na coesão e na coerência são os dois eixos da linguagem examinados no Capítulo 1: o eixo da seleção e o eixo da combinação. A concatenação, modo de combinar a sequencialidade das palavras em um texto, é inseparável da escolha de palavras justas, adequadas e coerentes com o significado geral que se quer dar ao texto. Isso é inseparável de outros processos de textualização, tais como a apresentação e o desenvolvimento do tema, ou seja, aquilo que anteriormente foi explicitado como sendo o tópico do texto e sua continuidade nas diferentes unidades temático-comunicativas.

Outro fator poderoso da coerência encontra-se na **articulação entre texto e contexto**. Dentro do texto, como vimos, as relações entre suas partes garantem sua unidade e coesão, mas, quando falamos em coerência, é preciso levar em conta que o texto carrega significado porque faz referência a algo que está fora dele, ou seja, ele quer dizer algo sobre um contexto a que faz referência e no qual está inserido.

É por isso que Guimarães (2007) trata a aliança entre coesão e coerência à luz da ideia de que no texto existem não apenas procedimentos de estabilização e de integração das palavras, das orações e dos períodos entre si, mas também uma função referencial cognitiva que torna possível interpretar o enredo de uma história, apreender os dados de referência ao contexto, compreender um raciocínio – procedimentos sem os quais o texto não se definiria como uma extensão finita de palavras, unificadas do ponto de vista do conteúdo.

Perguntas & respostas

Qual é a diferença entre coesão e coerência?

Ora, o texto se constrói por força de referentes textuais, que, por meio de retomadas, garantem a conectividade. Para Guimarães (2007), isso se constitui na microestrutura do texto que se articula à macroestrutura semântica global. O desenvolvimento temático do texto depende da macroestrutura, mas essa só se desenvolve plenamente se houver adequação entre os elementos cognitivos ativados pela gramaticalidade das conexões entre as palavras, orações e períodos em sua ligação indissolúvel com o universo de referência do texto. É essa adequação ou plena realização da estrutura semântica global que é chamada de *coerência*, aquilo que sintoniza referentes textuais e referentes contextuais.

Portanto, para definir coerência, não basta considerar as unidades que representam superficialmente o texto. Mais do que isso, é necessário considerar o significado que se quer dar a ele, pois é isso que funciona como um norte, o grande alvo que orienta as relações internas do texto. Portanto, diferentemente do que se pode pensar, a **coesão é efeito da coerência**, e não o contrário. Isso porque a coerência já atua antes da estrutura propriamente linguística do texto se realizar. Deve existir um querer dizer, uma espécie de plano de voo, um plano que guia a articulação interna do texto. Portanto, os elementos que tecem a rede textual subjazem à superfície do texto.

Esses elementos temáticos que discutimos até aqui se referem à **microarticulação**. Todavia, a integração entre as partes do texto, que garante sua organização ou articulação, depende de seus elementos estruturais, que se localizam entre o micro e o macro. Nesse **nível intermediário**, estudam-se as relações de equivalência e de hierarquia que unem as frases. Aqui entram as redes de conjunções e advérbios, costurando as passagens, e as integrações entre as partes, como a relação entre título e texto e as ligações e combinações entre os parágrafos. Além disso, são consideradas as formas gramaticalizadas que são responsáveis pelas passagens de um parágrafo a outro, tais como *então, algum tempo depois, assim, na verdade, com efeito, portanto* e *por outro lado*, elementos coesivos que explicitam a coerência das redes inferenciais do texto.

Por fim, no **nível macro**, das variações da estrutura, surgem as superestruturas que determinam a ordem global das partes do texto, justamente aquilo que diz respeito às modalidades textuais que foram explicitadas no Capítulo 1, a saber: a descrição, a narração e a dissertação. Cada uma dessas modalidades textuais obedece a princípios lógicos e ingredientes que comandam sua rota organizacional.

A descrição está sob a égide da lógica das analogias e da espacialidade, a narração é comandada pela lógica da temporalidade, e a dissertação, por sua vez, pela lógica diagramática dos tipos de raciocínios humanos. Há, assim, ingredientes linguísticos e estruturais específicos para a expressão das qualidades e da espacialidade (adjetivos, expressões adjetivas, preposições) na descrição. Estes são distintos dos ingredientes da narração, que se caracterizam pelas sequências temporais, não necessariamente lineares, das quais as ações narrativas se nutrem. Do mesmo modo, há ingredientes linguísticos específicos para a concatenação dos tipos de raciocínio que a dissertação leva a efeito (especialmente a generalidade das definições, os esquemas classificatórios, as comparações e contraposições conceituais e as formas gramaticalizadas que desenham o movimento lógico das inferências).

Quaisquer que sejam as modalidades de texto, contudo, comum a todos eles é que, estribada na coesão, a coerência diz respeito ao campo referencial do texto, sua aptidão bem resolvida de se reportar àquilo que quer dizer, indissociável de sua capacidade de articular texto e contextos verbal e extra verbal, ou seja, referentes textuais e situacionais. A coerência depende do poder indicador da linguagem e de sua capacidade de se reportar não apenas aos elementos internos do texto, mas também aos da relação do texto com objetos, ações e contextos situacionais que são referenciados por meio da linguagem.

> Coesão e coerência são princípios consensuais entre os estudiosos do texto. Decorrente desses dois atributos definidores da qualidade textual, é interessante ressaltar um terceiro atributo: o da **convicção** que o texto deve provocar no leitor (Santaella, 2014a). É o que podemos chamar de *texto convincente*, como sinônimo de persuasivo, e que não se limita aos recursos persuasivos da argumentação. O que propomos aqui é que todo texto, não necessariamente o argumentativo, convence o leitor de sua própria validade, dependendo de suas qualidades de coesão e de coerência. Assim, o texto convincente não diz respeito tão só e apenas ao poder persuasivo do argumento, mas sobretudo ao efeito interpretativo que o texto produz no leitor e que está

alicerçado nas condições de coesão e coerência determinantes de sua qualidade. Aliás, é dessa qualidade, antes de qualquer outra coisa, que depende sua força para convencer o leitor, e é por isso que uma narração, por mais ficcional que possa ser, ou uma descrição, por mais mirabolante que seja, podem convencer o leitor tanto quanto é convincente um argumento que segue com precisão e perfeição os encadeamentos da lógica dedutiva.

As discussões que desenvolvemos sobre os atributos característicos da qualidade de um texto também se aplicam para quaisquer gêneros de textos publicitários, mas, antes de apresentarmos esses gêneros, é fundamental explicitar, mesmo que com brevidade, o que chamamos de *publicidade*.

2.2
Natureza da publicidade

A publicidade se define como um tipo de atividade humana que se localiza no contexto do marketing. Este, por sua vez, envolve todo o conjunto de técnicas e métodos voltados para o desenvolvimento da venda de produtos e, assim, estuda as operações de troca (bens, serviços e até mesmo ideias) e a relação entre empresa e clientes, implicando ademais preços, distribuição e comunicação.

No campo do marketing, a publicidade se insere no setor da comunicação, sendo uma forma de comunicação comercial que visa divulgar, difundir e promover uma empresa, uma marca, um serviço e, especialmente, um produto por meio das mídias, a fim de satisfazer o consumidor com a convicção das qualidades do que é veiculado e dos benefícios que podem advir de sua posse.

2.2.1
Redação publicitária como gênero discursivo

Os textos publicitários caracterizam-se por uma relação de tensão entre a **informação** que é transmitida explicitamente e as **reverberações de sentido** que ficam implícitas. Esse parece ser o cerne comum aos textos publicitários e que faz deles um dos gêneros discursivos possíveis. São justamente as reverberações de sentido que se responsabilizam por aquilo que é peculiar nesse gênero de discurso e que, de um lado, aproxima-o da poesia, mas, de outro, diferencia ambos, visto que a poesia não precisa necessariamente manter uma base referencial, denotativa, fator este indispensável ao discurso publicitário.

Todo texto publicitário, por sua vez, contém uma afirmação – mesmo quando esta se vale apenas da natureza visual, a qual identifica determinado produto e cujo predicado atribui a esse produto qualidades positivas. Ainda que a afirmação não seja explícita, todo receptor sabe que um texto publicitário visa propor uma mensagem sobre um produto e que ela tem, em sua base, um ato econômico de oferta de mercadoria.

Entretanto, nesse mesmo campo, existe uma tendência de ocultar referências a interesses econômicos em si. São, por isso, bastante comuns os casos em que, no lugar do verbo *compre*, aparecem expressões como *desfrute*, *realize seus sonhos*, *aproveite*, *conheça*, *confira* etc. Apesar disso, os consumidores de publicidades estão familiarizados com os propósitos que são por elas visados.

Dessa forma, a publicidade apresenta-se como um gênero textual que é percebido pelo receptor em dois níveis:

1) aquilo que a mensagem efetivamente diz;
2) aquilo que ela deixa oculto, ou seja, sua intenção de venda e de lucro.

Esse ocultamento é necessário, uma vez que sua explicitação seria prejudicial à eficiência da publicidade. Há, ainda, um outro tipo de tensão dentro do discurso publicitário. De um lado, a ênfase nas **propriedades positivas** daquilo que é anunciado. De outro, sua **superioridade** em relação a produtos competitivos, uma superioridade que é explicitamente referenciada ou implicitamente sugerida.

> Ainda que a afirmação não seja explícita, todo receptor sabe que um texto publicitário visa propor uma mensagem sobre um produto e que ela tem, em sua base, um ato econômico de oferta de mercadoria.

Mais uma dualidade que integra o gênero publicitário é aquela entre a **denotação** e a **conotação**. Os significados das palavras não são fixos, e a organização das expressões linguísticas, com maior ou menor intensidade, tem algo de lúdico. Isso varia desde um grau de literalidade e objetividade sem ambiguidades, o que caracteriza a denotação, até um grau de abertura e ampliação de sentidos para além do significado original ou dicionarizado das palavras, o que é próprio da conotação. Na denotação, o sentido é imediatamente reconhecido para cumprir suas finalidades pragmáticas, e na conotação, há um jogo de significados possíveis, uma ambiguidade que atiça a imaginação do receptor. A conotação é responsável pelas aproximações possíveis entre a linguagem publicitária e a linguagem poética.

2.2.2
Organização criativa da linguagem

Tradicionalmente, a linguagem poética costumava ser definida pelo uso de recursos formais, como métrica, ritmo e rimas. No livro bastante conhecido e já mencionado no Capítulo 1, *Linguística e comunicação*, de Roman Jakobson (1971), os recursos e procedimentos da linguagem poética encontram uma formulação engenhosa que nos permite perceber que essa linguagem não se reduz à poesia, mas pode aparecer em outros gêneros discursivos, como é o caso da publicidade. Para Jakobson, em sua função poética, a linguagem projeta o eixo da seleção sobre o eixo da contiguidade. Portanto, aquele eixo que costumeiramente ficaria latente, em ausência, é projetado em presença na contiguidade das palavras. Vejamos um exemplo para tornar a explicação compreensível:

> Co**mi**go me desav**im**
> Sou posto em todo perigo
> Não posso viver co**mi**go
> Nem posso fugir de **mim**
> [...]
> Pois que trago a **mim** co**mi**go
> Tamanho **imi**go de **mim**.
> (Sá de Miranda, 2007, grifo nosso)

É fácil observar que, diferentemente de um texto que conecta gramaticalmente uma palavra depois da outra (por exemplo: "A jovem foi ao supermercado às cinco em ponto da tarde"), o poeta cria um jogo de repetidos ecos projetados na contiguidade das orações, do *mi* e seu inverso *im* e do *mim* e seu reverso *imi*.

Procedimentos similares podem e, de fato, ocorrem na publicidade. Jakobson (1971) cita um caso muito conhecido utilizado na propaganda política para presidente dos Estados Unidos de Dwight Eisenhower: "*I like Ike*". O *I* (pronome da primeira pessoa do singular; em português *eu*) se repete nas três palavras e o *Ike* está contido dentro do verbo *like* (gostar). Cria-se, assim, um amálgama, uma espécie de fusão alquímica entre o *eu*, o verbo *gostar* e o objeto de que se gosta.

Há muitos exemplos de estruturas criativas na linguagem publicitária, especialmente nos *slogans* para veiculação por rádio ou televisão, mídias nas quais o som é colocado em relevo, em que rimas, aliterações, assonâncias e onomatopeias responsabilizam-se pela atração que as mensagens provocam no ouvinte.

Isso demonstra que existe, sem dúvida, uma estética própria da publicidade e que não se confunde com a estética poética pelo simples fato de que a poesia não tem outra finalidade senão promover a regeneração da linguagem e, com ela, da sensibilidade humana; já a publicidade se caracteriza como um registro discursivo com finalidades pragmáticas, sem as quais perderia sua efetividade.

2.2.3
Finalidades da publicidade

Diferentemente da poesia, a publicidade tem uma **função utilitária**, uma vez que utiliza uma linguagem a serviço de algo – marca, produto, serviço etc. – ao qual a publicidade deve promover e até mesmo engrandecer. Assim, sua utilidade é atingida quando o público-alvo a que a mensagem se dirige é persuadido acerca do valor positivo de dado produto devidamente ancorado na marca que lhe dá sustentação. Desse valor positivo, o público-alvo extrai promessas de vantagens e benefícios que dão a ele disposição para agir – ação que leve à aquisição do produto. Esse seria o algoritmo da linguagem publicitária se nele não estivesse oculto seu ponto de partida, que, por sua vez, é também seu ponto de chegada. Conforme Carrascoza (2004, p. 33),

> o discurso publicitário objetiva, em verdade, o benefício de quem o anuncia, embora para isso tente convencer o receptor de que ele será beneficiado ao consumir o produto ou serviço anunciado. Sua função pragmática é apenas aparente. Melhor dizendo, a função pragmática está voltada para o emissor.

Aí está um dos grandes segredos da publicidade: **fazer crer** que leve a um **dever ter** e que, ao fim, promova um retorno à fonte primeira desencadeadora de todo o processo. Trata-se, portanto, de um jogo de ocultamento cuja engenhosidade depende do uso eficaz de uma retórica específica.

2.3
Retórica da publicidade

No Capítulo 1, abordamos brevemente a retórica e alguns de seus componentes mais eficazes, como as figuras de linguagem. Cumpre, agora, explorar como atuam na publicidade esses recursos e procedimentos expressivos, inclusive nas relações possíveis com as funções da linguagem. Cada vez mais as mensagens publicitárias, a par dos aspectos funcionais, passaram a colocar muita ênfase nos aspectos emocionais.

Os **aspectos funcionais**, também chamados de *racionais*, são aqueles marcados pelas informações objetivas a respeito daquilo que a publicidade veicula. Eles se relacionam ao desempenho e às funções básicas de um produto/serviço, apelando para as necessidades do consumidor. Nesse sentido, servem para indicar com clareza de que serviço ou produto se trata, seus dados objetivos, suas funcionalidades, seus benefícios reais etc. Esses aspectos evidentemente correspondem à função referencial, cognitiva da linguagem.

Não há nada pior para uma mensagem publicitária (o que também inclui as embalagens dos produtos, e não só as campanhas para seu posicionamento ou reposicionamento no mercado) do que a incerteza que pode causar ao consumidor sobre o tipo de produto que está sendo veiculado. Muitos produtos tiveram vida curta no mercado por essa razão.

Por outro lado, os **aspectos emocionais**, caracterizados não só pela função emotiva, mas também pela conativa e pela fática, foram se tornando cada vez mais preponderantes na realidade mercadológica em que produtos concorrentes lutam por se sobrepor uns aos outros. Para isso, a presença dos aspectos emocionais é fundamental à mensagem, ou seja, aquilo que fala ao coração, aos afetos, aos valores próprios do sentimento, do reconhecimento, do bem-estar, do *status* etc.

De todo modo, não é segredo para ninguém que, na publicidade, a função apelativa é dominante. Essa função tem sido tradicionalmente expressa nos termos da popular **Fórmula Aida**, de acordo com a qual a publicidade quer capturar **a**tenção, manter **i**nteresse, criar **d**esejo e conseguir **a**ção. Essa função apelativa básica pode ser mais ou menos dominante em um anúncio específico. O jogo das funções da linguagem nos anúncios não tem fórmulas fixas, pois depende de uma série de fatores. Por isso, a função apelativa, quase sempre preponderante, pode, em alguns casos, estar sob a dominância de funções como a referencial (informativa), a fática (que tem como meta o contato com o consumidor) ou, ainda, a poética (Nöth, 1990).

Em vista disso, cabem aqui algumas ressalvas. Nem todo tipo de publicidade pode fazer a balança pesar acentuadamente sobre o aspecto emocional. Há mensagens publicitárias de natureza mais objetiva, como são os fôlderes e outros materiais congêneres que têm por função apresentar uma instituição, um serviço ou uma informação específica ocasional, nos quais o aspecto emocional não deveria passar de um toque: um bom nome, uma finalização chamativa e outros recursos desse tipo cumprem essa função.

Outro caso em que os aspectos emocionais não devem ser dominantes ocorre quando a marca do produto veiculado não é suficientemente conhecida. Nas marcas já maduras, cuja tradição e confiabilidade estão sedimentadas, os aspectos emocionais ocupam o primeiro plano para criar uma proximidade e até mesmo uma intimidade afetiva com o consumidor. Entretanto, marcas não consolidadas precisam se afirmar objetivamente no mercado e, para isso, é fundamental a ênfase em seus dados referenciais, como procedência, segmento atendido e atributos diferenciais de seus produtos.

Até certo ponto relacionado a essa dualidade, Carrascoza (2004) organiza o conteúdo de seu livro *Razão e sensibilidade no texto publicitário* em duas vertentes, que, inspirado em Nietzsche, o autor denomina *modelo apolíneo* e *modelo dionisíaco*.

Para caracterizar dois grandes princípios estéticos, Nietzsche (1992) apropria-se de dois deuses da mitologia grega, Apolo e Dionísio, para deles extrair atributos capazes de definir as duas linhas principais que a arte pode tomar. Apolo simboliza o equilíbrio da medida, o limite, a perfeição formal da beleza, a ordem e a racionalidade intelectual. Dionísio, por sua vez, representa a embriaguez que leva a medida ao esquecimento em prol do êxtase e da volúpia da vida e de suas contradições. Assim, as artes apolíneas comparecem especialmente nas artes épicas, e as dionisíacas se fazem presentes na tragédia e na música.

Com base nessas fontes, Carrascoza (2004) apresenta o gênero, as escolhas lexicais, o comportamento das figuras e funções de linguagem e outros atributos do modelo apolíneo do texto publicitário em contraste com o comportamento desses mesmos atributos no modelo dionisíaco.

Como a própria fonte dessa nomenclatura indica, no **modelo apolíneo**, dominam a modalidade dissertativa ou descritiva do texto, bem como as escolhas lexicais referencialmente cuidadosas. Por ter uma natureza deliberativa, a função conativa opera pelo ângulo do aconselhamento, assim como o argumento de autoridade toma presença nesse tipo de texto.

No **modelo dionisíaco**, domina o texto narrativo, o desenvolvimento de uma narrativa envolvente que pegue o receptor pelo sentimento. Esse modelo de texto se tornou bastante frequente na contemporaneidade, desde a verdadeira invasão das técnicas de *storytelling* na publicidade, com sua capacidade de contar histórias como estratégia de envolvimento e identificação do consumidor naquilo que está sendo contado.

E o que se conta não é outra coisa a não ser uma história que coloca o consumidor emocionalmente atado ao produto veiculado. Muitas vezes, as histórias são contadas em primeira pessoa, como se fosse o próprio consumidor que a estivesse narrando. São também férteis, nesse modelo de texto, o caráter poético da mensagem e o apreço à função emotiva, que é meta a ser atingida com prioridade.

Carrascoza (2004), introduz a intensificação do significado da linguagem nas figuras normalmente tratadas nos manuais de textos publicitários. Para isso, utiliza os fatores de intensificação do significado da linguagem levantados por Ezra Pound (1970):

- **Melopeia**: refere-se às ressonâncias auditivas, quando a linguagem se coloca sob a dominância do sonoro.
- **Fanopeia**: refere-se à projeção de miríades de imagens, na qual a linguagem fica sob o predomínio do imagético.
- **Logopeia**: aciona o intelecto, quando a linguagem produz coreografias mentais.

Segundo Pound (1970, p. 32), a grande literatura "é simplesmente linguagem carregada de significado até o máximo grau possível". Isso não se confunde com quantidade de palavras. Ao contrário, implica encontrar a palavra precisa, aquela que diz mais. Há três modos de aumentar a espessura significativa das palavras:

1) Saturação sonora, ou o modo por meio do qual as palavras e os sons se soldam sem deixar marcas ou falhas, que também chamamos de *melopeia*.

2) Projeção de uma imagem estacionária ou em movimento na retina mental, que também podemos denominar *fanopeia*.
3) Dança do intelecto entre as palavras ou *logopeia*.

Ora, linguagem carregada de significados é sempre linguagem com baixíssimo grau de definição e altíssimo grau de possibilidades, isto é, aquilo que conduz a uma obra aberta, no dizer de Umberto Eco (1969). Que não se confundam, porém, linguagem carregada de significados com linguagem decorativa, estofada de discurso. Há densidades de significado no breve relâmpago de um achado, assim como no entreluzir da centelha de uma promessa de entendimento.

Quando o anúncio publicitário atinge o nível de densidade significativa preconizado por Pound (1970), ele operacionaliza a função poética da linguagem, constituindo o que é denominado *estética da publicidade*, em que entram em ação as metáforas verbo-visuais e outras figuras de linguagem. No caso dos anúncios em mídias audiovisuais, é possível aludir a *metáforas verbo-voco-visuais*.

2.4
Argumentação, persuasão, manipulação

A tríade mais comumente tratada nos estudos sobre texto publicitário é aquela da argumentação, persuasão e manipulação. A argumentação se define dentro dos parâmetros de uma estrutura lógica de raciocínio, quase sempre dedutivo, ou seja, composto por premissas que se desenvolvem rumo a uma conclusão válida e convincente. Com isso, o que é transmitido ao interlocutor ou leitor é um pensamento válido e sólido, não apenas porque está ancorado em um raciocínio coerente, mas também porque está bem fundamentado. O texto argumentativo, portanto, pertence ao universo da racionalidade e da credibilidade. As premissas podem ter a natureza de fatos, opiniões, estudos, problemas e possíveis soluções, pois o que importa na argumentação é a construção de um raciocínio.

A argumentação pode também ser persuasiva, no sentido de ser capaz de convencer o ouvinte ou leitor, de modo a levá-lo a crer na conclusão que resulta do encadeamento das premissas. Na publicidade, esse é o caso de algumas propagandas institucionais, tais como campanhas de vacinação, de prevenção à saúde, de educação urbana e outras que visem persuadir como via reflexiva para comportamentos responsáveis. Todavia, há outro tipo de persuasão que se constrói pelo uso de figuras da retórica. Nesse caso, o texto faz uso de recursos figurativos, como comparações, metáforas e hipérboles, empregando, com frequência, jogos de palavras e verbos no imperativo ou no vocativo, bem como fazendo alusões ao universo do discurso e de vida do interlocutor ou leitor.

Um texto que dissimula seus objetivos, promete o impossível, explora a dimensão irracional do ser humano, tira proveito da falta de informação do receptor, entre outros meios de desrespeitar a ética do discurso, é um texto manipulador. Um bom guia para expandir nosso conhecimento sobre o tema encontra-se na lista das dez estratégias de manipulação através da mídia, expressas pelo ativista Noam Chomsky (2017), a saber:

1) distrair o leitor em relação àquilo que importa;
2) enunciar problemas para poder oferecer soluções;
3) introduzir o inaceitável a conta-gotas;
4) adiar o enunciado doloroso de modo a ir gradativamente sendo absorvido;
5) dirigir-se ao público como crianças;
6) exagerar no tom emotivo mais do que deveria;
7) manter o público na ignorância e na mediocridade;
8) tolerar e mesmo estimular a mediocridade;
9) reforçar a revolta pela culpabilidade: a culpa pela desgraça cabe a cada um;
10) conhecer melhor os indivíduos do que eles mesmos se conhecem.

2.5
Sugestão, sedução e persuasão

Embora as três tendências discursivas – argumentação, persuasão e manipulação – dominem os gêneros textuais publicitários, Santaella e Nöth (2010) exploraram outra tríade voltada para os efeitos que o texto pode produzir no receptor de uma mensagem publicitária. São eles: a sugestão, a sedução e a persuasão. Embora haja algumas coincidências entre essas duas as tríades, elas diferem no foco que dão ao texto. A primeira – argumentação, persuasão, manipulação –, na maneira como explicitamos anteriormente, baseia-se nos modos de organização interna do texto, quer dizer, como o texto é estruturado, sintática e semanticamente, para que tenha um perfil argumentativo, persuasivo e manipulativo. A segunda tríade – sugestão, sedução e persuasão –, como veremos, coloca seu foco principal no efeito produzido no receptor da mensagem. Isso não significa que não haja misturas entre as tríades, pois se trata de uma questão de ênfase no foco explicativo que se dá. Desse modo,

> Não é novidade para ninguém que as estratégias de criação das mensagens publicitárias visam dotar essas mensagens com uma aura de sugestões, alusões, duplos e multissentidos. Visam também atrair e seduzir tanto quanto persuadir o receptor a respeito do valor denotado e dos valores conotados de um determinado produto. Não faltam estudos específicos sobre os modos de criação dos efeitos sugestivos da publicidade (ver, por exemplo, Chiachiri, 2006). A sedução está também inegavelmente no cerne do jogo de insinuações dos textos e imagens na publicidade, pela proximidade indecorosa que promovem com os objetos do desejo (Pinheiro, 1995, p. IX). Basta atentar para a presença dominante do gênero feminino nessas imagens, feminilidade cuja máxima expressão, segundo Baudrillard (1986, p. 25), encontra-se na sedução. Afirmar o poder de persuasão e a força do convencimento, acionados pela motivação, de que a publicidade é capaz, já se tornou um truísmo. (Santaella; Nöth, 2010, p. 85)

De fato, muito já foi estudado e escrito sobre todos esses fatores presentes no gênero publicitário, porém, o estudo de Santaella e Nöth (2010) busca uma fundamentação nas categorias fenomenológicas de C. S. Peirce: a primeiridade (universo das qualidades, sentimentos, possibilidades), a secundidade (universo da ação) e a terceiridade (universo da lógica). Essas categorias ajudam a compreender melhor como a sugestão, a sedução e a persuasão operam nos efeitos interpretativos que provocam, bem como enriquecem a compreensão que temos de seu agir comunicativo.

Assim, a sugestão situa-se em um campo aberto de possibilidades. São hipóteses de significado, meras conjecturas cujas referências são vagas, indeterminadas de modo a despertar qualidades de sentimento que ativam nossa sensibilidade. No caso da publicidade,

> O feixe dos subsentidos que ela [a publicidade] sempre aciona, não só por meio da imagem, mas também pelas relações entre texto e imagem, cria uma aura de suposições, de sentidos implícitos, conjecturas imaginativas, ilusões que geram, no território do possível e do sentimento, um campo propício ao entrelaçamento com a sedução [...] e com a persuasão no território inteligível. (Santaella; Nöth, 2010, p. 94)

O campo da publicidade é o universo em que atuam – conforme enfatizamos aqui – as rimas e aliterações, a cadência, os jogos de palavras, os cruzamentos vocabulares e os empréstimos de significados.

Propor as três facetas operativas dos efeitos interpretativos – sugestão, sedução e persuasão – não significa considerá-las excludentes. Ao contrário, elas operam conjuntamente, em trocas complementares, por vezes uma dominando as outras, mas quase sempre em equilíbrio dinâmico e instável. O fato de operarem em uma tríade permite perceber que os enigmas do desejo estão localizados entre os dois extremos: de um lado, o da razão, de outro lado, o da emoção. E é isso que deve fazer do desejo o grande operador da sedução, pois se a sugestão está envolvida nas figuras do possível, a persuasão segue a trilha do argumento, e a sedução atinge a corporeidade dos sentidos, capturando o receptor nas malhas do desejo. Em outras palavras, à medida que a sugestão aciona a capacidade de sentir e a persuasão agrada ao pensamento, a sedução cativa a sensorialidade dos sentidos.

Não é por acaso que é na atração sedutora das mensagens da publicidade que reside o aspecto mais demonizado das críticas ao discurso publicitário como discurso manipulador, pois, muito mais do que da informação persuasiva, é das promessas obscuras do desejo que vem a motivação para a compra (Santaella; Nöth, 2010). Como nos diz Haug (1971, p. 75): "contra os olhares amorosos das mercadorias ninguém pode estar seguro, pois o rosto do produto não se encontra nele mesmo, mas na estética da embalagem, e mais do que na embalagem, está nas promessas que inebriam o desejo".

Entretanto, a sedução nunca está só, uma vez que ela se alimenta da dubiedade das sugestões, assim como a persuasão se alimenta de ambas. Santaella (2001, p. 341) afirma que tal questão pode ser explicada por "uma teoria dos argumentos, não os argumentos pura e asceticamente lógicos, mas os argumentos aproximativos, condimentados para os efeitos comunicativos e para a persuasão por meio da qual as fiações da lógica se enlaçam indissoluvelmente ao psicológico". Vem daí a constatação de que a informação veiculada pela publicidade não visa meramente informar, e sim informar de forma a convencer por meio da sedução – que, por sua vez, resulta da sugestão (Santaella, 2012b).

2.6
Gênero e subgêneros da redação publicitária

Cabe reiterarmos, aqui, que o texto publicitário, de que tipo for – descritivo, narrativo, dissertativo –, especifica-se como um gênero de discurso, de acordo com a concepção bakhtiniana dos gêneros discursivos.

Existe um bom número de livros, de autores brasileiros, publicados sobre o tema da redação publicitária. Na seção "Bibliografia comentada", indicamos três obras que você pode consultar para aprofundar seu conhecimento.

Como já constatamos, a criação de um anúncio é considerada o gênero publicitário por excelência. No entanto, a publicidade desmembra-se em alguns subgêneros, que, necessariamente, também fazem parte das tarefas de um redator publicitário. Analisaremos cada um deles a seguir.

2.6.1
Subgêneros da redação publicitária

Além da parte verbal de um anúncio, que coloca em relevo os aspectos emocionais, apelativos e mesmo fáticos, há alguns gêneros que visam mais informar do que seduzir, como fôlderes, *banners* e panfletos; isso não significa que esses textos deixam de manter as seguintes características, **traços indispensáveis** a qualquer redação publicitária:

- a apresentação do produto que está sendo promovido, suas características, qualidades, utilidades, benefícios e vantagens em obtê-lo;

- a adequação do registro de linguagem ao público a que se destina;
- o estilo da linguagem com atenção para sua materialidade, bem como a escolha de tipos e cores, a espacialização e a diagramação;
- a meta a ser atingida, ou seja, levar ao conhecimento daquilo que está sendo promovido ou à aquisição daquilo que está sendo veiculado.

Tendo esses fundamentos em mente, é preciso considerar que há subgêneros menos lembrados nos manuais de redação publicitária, mas não menos importantes. Definir corretamente as características que eles apresentam é fundamental para evitar equívocos quando se tem por tarefa redigi-los, pois cada um deles tem especificidades próprias que contribuem de forma distinta para o marketing e a publicidade. São eles:

- **Fôlder**: o termo *folder* vem do inglês e significa "dobrar". O nome em inglês é significativo, pois o que caracteriza um fôlder impresso é ele ser feito de dobras, cujo número, tamanho e tipos de cortes não seguem preceitos obrigatórios, a fim de que se adequem àquilo que se quer transmitir de acordo com a imaginação de quem o cria. O papel se desdobra para que nele caiba mais conteúdo de divulgação informativa. Essa peça pode ter um caráter promocional, com preços de produtos e serviços, por exemplo, ou um caráter institucional, de apresentação de uma empresa, inclusive para circular dentro da própria organização. O fôlder difere de outros subgêneros similares em razão das dobras (pelo menos uma), que os outros subgêneros não têm.
- **Panfleto**: é um gênero de escrita que já circulava nas cidades e aldeias europeias medievais e que ganhou forte

impulso com a invenção da imprensa. Nessa época, os panfletos passaram a ser distribuídos em grande quantidade, com ênfase em temas religiosos e políticos. Desde então, o gênero se fixou e se refere a peças simples, de grande tiragem, com preços baixos graças à facilidade e à rapidez de impressão. Tem por função divulgar imediata e massivamente conteúdos contingentes, ou seja, que não duram no tempo, como eventos, feiras, campanhas políticas e lançamentos. Panfletos fazem parte do desenvolvimento da publicidade moderna nos casos em que os anunciantes têm pressa para dar a conhecer seus produtos e serviços.

- *Flyer:* a palavra é inglesa e significa "aquilo que voa". *Flyers* também são usados para a divulgação de eventos, produtos e serviços. Suas dimensões costumam ser semelhantes às do formato A5 ou ainda menores e podem ser impressos em apenas um dos lados da folha. Também são produzidos em grande quantidade e com baixo custo, a fim de serem distribuídos em locais de alta circulação de pessoas. À primeira vista, não haveria diferença entre o panfleto e o *flyer*, mas eles se distinguem, pois os *flyers* são considerados uma evolução dos panfletos. Eles têm mais preocupação com o *design* e a estética do que os panfletos. São usados, por exemplo, para marcas de bebidas, lançamentos de produtos ou serviços, lançamentos de livros, etc. Há quase sempre imagens impactantes e bom acabamento, o que revela um pouco mais de sofisticação.

- *Banner*: é uma peça publicitária impressa em grande formato, geralmente com dimensões de 90 cm × 120 cm, na forma de bandeira, cujo material pode ser plástico, lona, tecido ou papel. Em geral, é pendurado ou colado em postes, fachadas ou paredes, com vistas a ocupar vias públicas, pavilhões de exposições, pontos de venda etc. Em sua execução mais sofisticada, nas extremidades superior e inferior, apresenta um pequeno bastão de madeira para lhe dar firmeza, sendo dependurados em paredes ou colocados em cavaletes, o que ajuda na apreciação de sua estética. Essa mesma palavra *banner* passou a ser utilizada no universo digital, quando aparece como um *link* na forma de uma página ou quadro. Isso será examinado no Capítulo 5.

2.7 Atributos da redação publicitária

Quaisquer que sejam os subgêneros da redação publicitária, neles devem estar presentes alguns atributos fundamentais e imprescindíveis que marcam o gênero publicitário como um todo. A seguir, trataremos mais detalhadamente sobre cada um deles.

2.7.1 Atenção

Um dos atributos mais fundamentais que a redação publicitária deve contemplar é despertar a atenção do consumidor, capturar seu olhar e seu interesse para a mensagem veiculada. Muitos estudos foram realizados sobre a faculdade da atenção, parte integrante dos processos perceptivos humanos. A atenção é uma faculdade que resulta da capacidade da mente para selecionar e focar o aspecto mais saliente de dada situação. Ela apresenta uma estrutura complexa, com textura, fluxo e distribuição próprios. Pesquisas em neuroimagem revelaram a existência de três tipos de atenção (Keim, 2009):

1) **Orientadora**: corresponde ao *flash* de nossa mente.
2) **Reativa**: aciona os estados de resposta que vão da indiferença ao alerta completo.
3) **Executiva**: permite ir além de mera impulsividade, planejar o futuro e compreender abstrações.

Se a redação publicitária visa não apenas chamar a atenção do consumidor para a mensagem apresentada, mas, sobretudo, despertar seu interesse a tal ponto de modo que o conduza a uma tomada de decisão, esses três tipos de atenção devem ser relevados quando se produz uma mensagem publicitária.

Klingberg (2008) também identifica diferentes tipos de atenção, como quando:

- um estímulo atrai a atenção;
- a atenção está sob controle; e
- a memória operativa serve como guia da atenção.

Assim, é possível constatar que temos a capacidade de manter uma informação na mente pelo tempo necessário para realizar uma tarefa.

A partir da Revolução Industrial – com a máquina a vapor, os trens, as fotografias e, mais tarde, a cinematografia, a publicidade, a iluminação –, grandes transformações começaram a se operar nos processos perceptivos, afetando diretamente aquilo que passou a ser chamado de *economia da atenção*. Diante dos estímulos exacerbados da vida contemporânea, a distração se convertia em necessidade para a sobrevivência psíquica até o ponto de se tornar o estado natural da mente moderna, de modo que o olhar atento se tornou uma das mercadorias mais cobiçadas (Santaella, 2010). É nesse contexto que a redação publicitária se insere, o que implica que seu *design* e a implementação de efeitos simbólicos e retóricos devem estar sobretudo "voltados para o fisgamento da memória perceptiva de audiências distraídas" (Santaella, 2010, p. 302). Isso se acentua sobremaneira nos ambientes digitais, conforme analisaremos no Capítulo 5.

2.7.2
Concisão

Aliado à captura da atenção, outro atributo que a redação publicitária não pode deixar de considerar é a concisão. O tópico da mensagem não só deve ser absorvido rapidamente, mas também deve ser de interesse do receptor.

> Para ser conciso, é preciso dizer o máximo com o mínimo de palavras; quando se trata da redação publicitária, essa é a regra de ouro: o menos é mais. Dizer o que é preciso, com extrema justeza das palavras.

A concisão está ligada às ideias de síntese, condensação, brevidade, enfim, de economia de meios e recursos. No caso da redação, os meios e recursos envolvidos são palavras. Portanto, para ser conciso, é preciso dizer o máximo com o mínimo de palavras; quando se trata da redação publicitária, essa é a **regra de ouro**: o menos é mais. Dizer o que é preciso, com extrema justeza das palavras.

Quando a concisão é atingida, nela também estão implicadas a exatidão, a precisão e a clareza. A exatidão diz respeito ao encontro com a palavra justa. A precisão está relacionada à coesão entre as palavras, ou seja, palavras certas para dizer exatamente o que se pretende dizer. A clareza é a meta de toda mensagem, especialmente das mensagens publicitárias.

Embora a redação publicitária faça largo uso do duplo sentido, das metáforas e de outras figuras de linguagem, isso está longe de significar confusão de ideias. Aliás, não há pecado maior para uma redação publicitária do que deixar o leitor – e pretendido consumidor – confuso. Da confusão não resultam senão ações erráticas, sem rumo, justamente o que deve ser evitado em um discurso que se quer persuasivo de modo a preparar o espírito do receptor para ações coerentes.

2.7.3
O cíclico retorno da persuasão

Eis aí o mais comentado entre todos os atributos da publicidade, sobre o qual já aludimos anteriormente neste livro. De fato, campanhas publicitárias inteiras são movidas para o alvo da persuasão. O papel desempenhado pela redação publicitária, no elenco de atividades voltadas para esse alvo, é crucial. É o redator publicitário, em diálogo com o *designer*, o fotógrafo, o diretor de arte, ou quaisquer outros membros envolvidos na criação, que se responsabiliza pela produção de um texto que contemple os atributos primordiais da redação publicitária: atenção e concisão. Ambos atributos devem estar perfeitamente integrados na direção de uma meta, sem a qual o discurso publicitário seria inócuo, palavras ao vento. Assim, é preciso atingir a persuasão, porque ela é a alma de todo o processo, na medida em que torna capaz de "manejar a flecha da sedução" rumo ao desejo do receptor.

Se o manejo dessa arte sempre foi uma questão crucial na redação impressa ou no audiovisual, quando adentramos o universo digital, as estratégias se tornam ainda mais necessárias, e são essas as questões que abordaremos nos Capítulos 4 e 5. Antes disso, é necessário destacar que, embora exista, a redação publicitária apenas verbal é minoritária. Quando se trata de publicidade, as relações entre palavra e imagem não podem ser esquecidas – assunto do próximo capítulo.

Para saber mais

As obras de Carrascoza são boas indicações para aprofundar o conhecimento sobre o texto publicitário:

CARRASCOZA, J. A. **Razão e sensibilidade no texto publicitário**. São Paulo: Futura, 2004.

_____. **Redação publicitária**: estudos sobre a retórica do consumo. São Paulo: Futura, 2003.

Para aprimorar o entendimento a respeito de coesão, coerência e outros aspectos textuais, vale a leitura da seguinte obra:

GUIMARÃES, E. **A articulação do texto**. São Paulo: Ática, 2007. (Série Princípios)

Síntese

Neste capítulo, apresentamos características próprias da redação publicitária, como um tipo de texto e um gênero de discurso com traços e finalidades que lhe são específicos. Em outras palavras, partimos dos atributos que dão valor qualitativo a um texto, delineando-os, para definirmos, de maneira geral, o que é um bom texto publicitário e quais suas funções, de forma a analisar seu público-alvo e os aspectos gerais de texto para esses públicos diversos.

Examinamos os conceitos de *unidade*, *coesão* e de *coerência*, que consideramos essenciais para qualquer redator, bem como a natureza criativa da linguagem, destacando aspectos como a organização criativa da linguagem e a retórica na publicidade. Depois, apresentamos a *argumentação*, a *persuasão* e a *manipulação*, definindo esses conceitos juntamente aos de *sedução* e *sugestão*, de forma a diferenciá-los. Na sequência, tratamos dos gêneros e subgêneros da redação publicitária – fôlder, panfleto, *flyer* e *banner*.

Por fim, analisamos a redação com base em princípios de qualidade de um texto em geral, como porta de entrada para os traços que definem os atributos do texto publicitário (concisão e atenção) no processo comunicativo, e estabelecemos as estratégias que guiam os diferentes gêneros de redação publicitária.

Questões para revisão

1) Crie um texto pequeno que, com suas palavras, respondendo à questão: Quais são os traços que caracterizam um texto de qualidade?

2) Por que não há texto sem contexto? Explique.

3) Analise as afirmações a seguir e assinale a afirmativa correta:
   a) O discurso publicitário não pode deixar significados ocultos.
   b) A conotação não deve fazer parte do discurso publicitário.
   c) O eixo da seleção e o da combinação são fixos, mesmo na poesia.
   d) Há aspectos similares entre o discurso publicitário e o poético.
   e) O discurso publicitário deve ser estritamente denotativo.

4) Analise as alternativas a seguir e marque V para as verdadeiras ou F para as falsas.
   ( ) O ideal é que o discurso publicitário equilibre o emocional e o funcional.
   ( ) A incerteza quanto ao significado da mensagem é uma estratégia publicitária.
   ( ) Há muitas maneiras de manipular um discurso.
   ( ) Manipulação e ética são princípios diametralmente opostos.
   ( ) Excesso de sentimentalidade prejudica a função persuasiva do discurso.

   Agora, assinale a alternativa que apresenta a sequência correta:
   a) V, V, V, V, V.
   b) V, F, V, V, V.
   c) F, V, V, V, F.
   d) F, F, V, V, F.
   e) F, V, F, V, V.

5) Qual o papel desempenhado pelos subgêneros publicitários?
   a) Os subgêneros da publicidade são complementos necessários ao marketing.
   b) Os subgêneros da publicidade trazem à tona apenas informação objetiva sobre os produtos.
   c) Os subgêneros da publicidade devem ser dispensados de uma campanha.
   d) Não há relação entre o gênero maior e os subgêneros da publicidade.
   e) Os subgêneros publicitários nunca se preocupam com a persuasão.

3
Palavra e imagem na publicidade

Conteúdos do capítulo:

- Imagem.
- Múltiplos da imagem.
- Imagem visual.
- Teorias sobre a imagem.
- Texto e imagem: primeiros passos.
- Estudos sobre texto e imagem na publicidade.
- A questão da dominância.
- Tipos de conexões entre texto e imagem.

Após o estudo deste capítulo, você será capaz de:

1. compreender a redação publicitária em sua natureza híbrida, de linguagens que se misturam;
2. identificar o ponto exato em que imagem e texto se interpenetram;
3. analisar as modalidades de combinações entre texto e imagem, antecedidas por uma exploração sobre a natureza semiótica da imagem.

Neste capítulo, analisaremos a redação publicitária em sua natureza híbrida, ou seja, constituída pela junção do texto com a imagem. Nesse sentido, é válido mencionar que, embora possam existir publicidades compostas apenas de texto verbal, exclusivamente feitas de palavras, essa não é a regra, pois as junções entre texto e imagem são a alma da publicidade, dado o potencial da imagem para seduzir o olhar. É por isso que a redação publicitária implica um tipo de saber específico, aquele de encontrar o ponto exato em que imagem e texto, de algum modo, se interpenetram. É válido ressaltar, ainda, que há diferentes modalidades de junção entre palavra e imagem, e que examinaremos algumas delas, as que nos pareceram mais produtivas e convenientes mencionar no contexto do anúncio publicitário.

3.1
O que é *imagem*?

Nos capítulos anteriores, nos dedicamos a questões relativas ao texto. Agora, chegou a vez da imagem, dada a importância do papel que ela desempenha na publicidade. Essa importância chega ao ponto de ser possível afirmar que a expressão *redação publicitária* não se reduz ao exercício da palavra, mas inclui as diferenciadas composições possíveis entre texto e imagem.

De acordo com Santaella (2014c), à primeira vista, imagens parecem óbvias: com conhecimento prévio ou não daquilo que referencia, somos capazes de reconhecer, sem muita hesitação, do que a imagem trata. Isso acontece porque a maior parte das imagens é **mimética**, ou seja, busca imitar a aparência daquilo a que se refere. Algo do mundo visual está ali replicado à maneira de um espelho, o que é levado às últimas consequências na fotografia – que funciona, de fato, como um espelho daquilo que captura. Essas são as **imagens figurativas**, isto é, formas referenciais ou denotativas, reproduções de objetos ou situações visíveis que apresentam similaridade entre a aparência do objeto representado e a percepção que temos daquele tipo de objeto quando olhamos para ele no mundo físico, visível. Nesse caso, imagem e objeto nela representados formam um par, um duplo, cabendo ao observador apenas constatar o tipo de ligação que a imagem mantém com seu objeto (Santaella, 2001).

Apesar da aparente obviedade que exibem, as imagens têm seus truques. Quase sempre as sutilezas também passam pelos nossos filtros perceptivos, mesmo sem, conscientemente, nos darmos conta disso. Entretanto, para aqueles que, de algum modo, trabalham com imagens, como desenhistas, fotógrafos, *designers*, publicitários, diretores de arte e professores, é sempre bom estar consciente do elenco de facetas complexas que as imagens apresentam. Como foi demonstrado em Santaella (2014c), comparadas com a simplicidade daquilo que nelas é óbvio, as facetas ardilosas das imagens não se deixam facilmente ver. Vem daí a necessidade de abrir olhos e mentes para as múltiplas camadas de sentido de que as imagens apresentam. Isso será aqui tratado de modo breve, antes de abordarmos as relações entre palavra e imagem no contexto da redação publicitária.

3.2
Múltiplos da imagem

Sob a palavra *imagem* abrigam-se múltiplas possibilidades. Além de desenhos, pinturas, gravuras e fotografias que mostram imagens fixas sobre um plano, também costumamos chamar de *imagens* os quadrinhos, o cinema, a televisão e o vídeo, embora estes três últimos sejam mais propriamente audiovisuais, pois contêm diálogos, sons e músicas.

A palavra *imagem* pode também ser usada para designar formas de expressão que não se limitam ao campo visual. Ela é igualmente empregada no campo do som e da música, assim como podemos destacar as imagens verbais de que a linguagem poética está repleta. Ainda, há as imagens mentais e as oníricas.

Assim, a expressão *imagem sonora* é muito empregada não só na música, mas também na sonoridade em geral. A sequência da melodia de uma música desenha uma imagem, embora "invisível". A poesia, por sua vez, evoca imagens em seus versos, como é possível perceber em poemas como *Canção do exílio*, de Gonçalves Dias, e em trechos como da canção *Arco-íris*, de Jorge Vercillo.

>Azul-rei
>Verde-mar
>Eu pedi ao arco-íris
>Para me emprestar
>E lhe dei sem pensar
>
>(Vercillo; Machado, 2010)

Ademais, existem as imagens mentais. Muitas frases que pronunciamos em nossas conversações dependem da projeção de imagens em nossas mentes para que sejam compreendidas. O que dizer, então, das imagens oníricas? Nossos sonhos podem conter palavras, mas a maior parte deles é composta por imagens, por mais fugidias, estranhas e enigmáticas que sejam, basta lembrar das telas de Salvador Dalí para que isso se torne palpável.

3.3
Imagem visual

A questão da imagem visual já intrigava os gregos, na Grécia Antiga. Uma das definições mais antigas de imagem encontra-se no livro VI da obra *A República*, de Platão (2000). Para ele, imagens são, sobretudo as sombras, seguidas dos reflexos projetados na superfície da água ou de corpos opacos, polidos, brilhantes ou, ainda, em quaisquer outras representações desse tipo. Como podemos perceber, Platão se referia a todas as formas de **imagens naturais** que ele privilegiou em detrimento das imagens artificiais, como desenhos, pinturas, esculturas.

Depois de Platão, Aristóteles também tratou de definir imagens.

> A palavra grega *eikon*, cuja tradução é ícone, abarcava todos os tipos de imagem visual, desde pinturas até estampas de selo, assim como imagens sombreadas e espelhadas. Sombras e espelhos eram considerados naturais, enquanto as imagens produzidas pelo ser humano eram tidas como artificiais.

Isso nos dá uma amostra de que, mesmo quando restringimos a palavra "imagem" apenas ao seu sentido visual, ela já é suficientemente diversa, podendo se referir tanto a imagens perceptivas como a todas as formas de representação visual criadas pelo ser humano: desenho, pintura, gravura, fotografia, escultura, holografia e imagens produzidas computacionalmente, estas também chamadas de imagens infográficas. (Plataforma do Letramento, 2017)

Quaisquer que sejam, naturais ou artificiais, artesanais ou tecnológicas, todas as imagens têm algo em comum, o que nos permite defini-las como *duplos*, visto que buscam reproduzir, imitar, as aparências reconhecíveis do mundo visível. Isso não significa que não existam imagens abstratas, despojadas desse caráter de duplicidade. Certamente, há imagens que não funcionam como duplos, ou seja, elas valem por si e em si mesmas, sem qualquer poder de imitar algo visível que está fora delas.

Para entender por que as imagens funcionam como duplos, é preciso considerar outro tipo de imagem visual, que, assim como a imagem abstrata, também não é um duplo: a **imagem perceptiva**. Nós, humanos, somos dotados de um aparelho visual (olhos em suas ligações com o cérebro) extremamente sofisticado. Olhamos para o mundo e este aparece a nós como imagem, graças aos processamentos dos olhos e do cérebro. O mundo lá fora se disponibiliza a nós e o equipamento sensório de que fomos dotados configura um campo visual em que tudo aparece sob a espécie da imagem: próximas, distantes, nítidas, indistintas, apagadas etc.

Diferentemente das imagens perceptivas que se apresentam a nós em razão da própria natureza de que somos feitos, as **imagens produzidas** pelo ser humano dependem de materiais como suportes (parede, tela etc.), instrumentos (lápis, pincel, câmera, computador), técnicas, habilidades e talentos, por exemplo, para desenhar, pintar e fotografar. Essas imagens, produzidas pelo ser humano desde a era da cavernas, em oposição às imagens perceptivas e às imagens naturais de que falavam os gregos, são consideradas artificiais e, em uma acepção mais especializada, são chamadas de *representações visuais*.

Quaisquer que sejam, naturais ou artificiais, artesanais ou tecnológicas, todas as imagens têm algo em comum, o que nos permite defini-las como *duplos*, visto que buscam reproduzir, imitar, as aparências reconhecíveis do mundo visível.

São representações porque são criadas e produzidas pelos seres humanos nas sociedades em que vivem. É claro que elas são também imagens percebidas, mas distinguem-se das perceptivas porque, nesse caso, o mundo aparece a nós na forma de imagem como fruto do aparelho perceptivo de que somos dotados.

As representações visuais, por sua vez, são artificialmente criadas. Para isso, elas requerem materialidades e mediações como as telas e seus meios de inscrições (lápis, pincel, tintas). Como representações visuais, as imagens também podem ser capturadas por meio de recursos óticos, como espelhos, lentes, telescópios, microscópios e câmeras. Além disso, as imagens podem ser:

- **fixas** – são congeladas e opõem-se, assim, às imagens em movimento.
- **em movimento** – referem-se à variação da posição espacial de uma imagem ou sequência de imagens

no decorrer do tempo. Exemplo típico da imagem em movimento encontra-se no cinema, resultante da gravação de imagens fotográficas com câmeras, que, hoje, são bastante avançadas em função da introdução das câmeras digitais. De todo modo, o cinema se caracteriza pelo uso de um dispositivo técnico de projeção que cria ilusão de movimento contínuo devido ao fenômeno da persistência de visão.

- **animadas** – embora possam ser aplicadas ao cinema e ao vídeo e adotadas como sinônimo de imagem em movimento, o emprego das imagens animadas tem sido mais frequente no campo da imagem digital, no qual o processamento computacional aumentou vertiginosamente a manipulação de imagem a imagem, gerando uma verdadeira coreografia de formas dinâmicas.

No âmbito das representações visuais, podem ainda ser considerados como imagens os diagramas e os mapas, e, no terreno das imagens tridimensionais, a escultura e até mesmo a arquitetura.

3.4
Teorias sobre a imagem

São muitos, a perder de vista, os teóricos que buscaram compreender os traços constitutivos das imagens, desde as propriedades que apresentam até suas funções antropológicas, sociais e cognitivas, incluindo seu contexto linguístico, suas manifestações em diferentes mídias e vários outros aspectos. Essa discussão teve início com os gregos e até hoje não está resolvida: as representações imagéticas são naturalmente miméticas, imitativas do mundo lá fora, ou são dominantemente convencionais, ou seja, dependentes de códigos de representação?

A polêmica não reside no fato de que as imagens de modo geral se assemelham àquilo que visam representar – isso é inegável. O que se discute é como e por que elas são capazes de representar o que está fora delas. Uma vez que a relação de semelhança não apresenta uma precisão lógica, há autores, como J. J. Gibson (1954), que buscaram uma definição ótico-geométrica da **semelhança** da imagem com a realidade.

Em franca oposição às teses da semelhança da imagem em relação ao objeto nela representado, Goodman (2006) apresenta uma concepção extremamente convencionalista da imagem, defendendo, inclusive, que ela é tão **arbitrária** e dependente de **convenções** quanto a linguagem verbal. Embora haja certamente distinções no tipo e no grau da convenção, a imagem de um gato e a palavra *gato* seriam ambas convencionais. Goodman (2006) chama atenção aqui para o fato de que imagens são representações visuais e, como tal, implicam convenções de representação que dependem não só de habilidades, mas também do aprendizado de técnicas específicas (Santaella, 2012b).

Buscando um equilíbrio entre as duas posições, natural ou convencional, encontra-se Gombrich (2007). Em seu estudo *Arte e ilusão*, sem deixar de levar em conta o papel desempenhado pelas convenções na feitura das imagens, esse autor se posicionou contrariamente à visão convencionalista de Goodman. Para Gombrich, a semelhança também tem um papel a desempenhar na imagem, e disso decorre que a mera oposição entre natureza e convenção é falsa, cabendo a cada uma delas desempenhar o seu papel.

A favor da **não arbitrariedade** das imagens, Gombrich (1981) afirma que a evolução da natureza programou o ser humano biologicamente de tal forma que ele teve de aprender o que é vantajoso para sua vida e sobrevivência. Como ocorre com os animais, a sobrevivência do ser humano também depende de coisas e signos reconhecíveis que lhe são de grande significado. Fomos programados a procurar objetos que são necessários a nós e cujas configurações nos agradam mais do que outras. Nossa capacidade de reconhecer um objeto parece estar ligada à relevância biológica que ele tem para nós, o que faz com que, nos objetos que nos são importantes do ponto de vista biológico, baste uma vaga semelhança para provocar uma reação positiva.

3.5
Texto e imagem: primeiros passos

Texto e imagem são duas realidades semioticamente distintas, ou seja, produzidas e interpretadas de modos diferentes. Todavia, podem se unir em uma realidade semiótica comum. A relação texto-imagem ocupa-se da mensagem geral entre eles.

Perguntas & respostas

Como a imagem e o texto contribuem para o significado do texto e em qual tipo de conexão ambos estão um para com o outro?

Para responder a essa questão, vamos nos valer de uma explicação de Santaella e Nöth (1998, p. 53). Para os autores,

A relação entre a imagem e seu contexto verbal é íntima e variada. A imagem pode ilustrar um texto verbal ou o texto pode esclarecer a imagem na forma de um comentário. Em ambos os casos, a imagem parece não ser suficiente sem o texto, fato que levou alguns semioticistas logocêntricos a questionarem a autonomia semiótica da imagem. A concepção defendida de que a mensagem imagética depende do comentário textual tem sua fundamentação na abertura semiótica peculiar à mensagem visual. A abertura interpretativa da imagem é modificada, especificada, mas também generalizada pelas mensagens do contexto imagético. O contexto mais importante da imagem é a linguagem verbal. Porém, outras imagens e mídias, como por exemplo a música, são também contextos que podem modificar a mensagem da imagem.

De fato, se compararmos com a linguagem verbal, as imagens têm o caráter de uma mensagem aberta. Mesmo se considerarmos que frases verbais podem também apresentar uma abertura, ou melhor, uma polissemia ou ambiguidade, algo que ocorre com muita frequência na poesia, a abertura da imagem é fundante; e a abertura da mensagem verbal é contingente, quer dizer, é ocasional, pois isso não faz parte de sua natureza geral. Portanto, em princípio, a imagem precisa do verbo, mas o contrário não é necessariamente verdadeiro.

Outra distinção fundamental entre imagem e verbo pode ser constatada quando se percebe que as imagens, especialmente as imagens fixas, apresentam ao mesmo tempo tudo que têm a mostrar. "Todos os elementos que as constituem chegam a nós em simultaneidade. Isso se deve à natureza espacial das imagens, o que as diferencia da fala e da escrita, uma vez que estas se desenvolvem no tempo. Não podemos pronunciar nem escrever duas palavras ao mesmo tempo" (Plataforma do Letramento, 2017).

3.6
Estudos sobre texto e imagem na publicidade

Desde algumas décadas, as relações entre texto e imagem na publicidade tem sido de interesse central em inúmeras pesquisas. Barthes (1977), por exemplo, distingue três **tipos de mensagens** na publicidade ilustrada:

1) **Verbal**: a mensagem é verbal, ou seja, depende apenas do código da língua. Consiste no nome da marca e no comentário verbal das qualidades do produto.
2) **Denotativo**: aqui a imagem tem um caráter denotativo, isto é, a foto indica o produto a que se refere. É um tipo híbrido (texto e imagem).
3) **Figurado**: nesse caso, a imagem tem um caráter figurado, adquirindo significados simbólicos. Também é um tipo híbrido (texto e imagem).

Umberto Eco (1968), por sua vez, estabeleceu cinco **níveis de codificação** visual nas mensagens publicitárias.

1) **Icônico**: é similar ao segundo tipo de Barthes (imagem com caráter denotativo).
2) **Iconográfico**: que extrai suas bases das tradições históricas e culturais e das convenções do gênero publicitário. Esse nível corresponde ao terceiro tipo de Barthes (imagem com caráter figurado).

3) **Tropológico**: quando a imagem incorpora figuras retóricas, especialmente as metáforas visuais.
4) **Tópico**: a mensagem apresenta premissas e tópicos de argumentação.
5) **Entimemático**: há uma estrutura efetiva de argumentação visual.

O nível tropológico da publicidade, formulado por Eco (1968), é aquele que mais tem sido explorado pelos estudiosos, em inúmeras pesquisas sobre retóricas verbal e visual e suas conjunções.

Segundo Nöth (1990, p. 480, tradução nossa), a "divisão mais fundamental de signos" de C. S. Peirce – entre ícone, índice e símbolo – também tem sido frequentemente aplicada ao estudo da imagem em sua relação com o texto na publicidade. Imagens realistas ou fotos de produtos e de seus consumidores no ato de consumo (muito comum no caso de bebidas e alimentos), comparações, metáforas e outros signos referindo-se aos seus objetos por similaridade pertencem ao domínio do **ícone** na publicidade. Os **símbolos** aparecem em nomes de marca e em logotipos visuais. Em sua função mais prototípica, no entanto, a tentativa do anúncio de atrair a atenção do consumidor para o produto implica o ato de indicar esse produto sem ambiguidades; isso é típico de um **índice**. Índices também ocorrem nas estratégias mais sutis da atribuição de significado quando se dá um processo de assimilação de conteúdos inicialmente não significativos.

A exploração da interdependência da imagem e do texto apresenta uma série de sutilezas que leva a um novo elenco de questões:

- A imagem apenas replica certas informações que já estão em um texto, ou seja, ela exerce função meramente ilustrativa. Ilustrações em livros geralmente cumprem essa função, principalmente quando se pode verificar que existe o mesmo livro em outra edição sem as ilustrações.
- O texto é dominante em relação à imagem, esta funciona apenas como um complemento. Nesse caso, o texto até poderia dispensar a imagem, sem perda de informação da mensagem.
- A imagem é superior ao texto, portanto, o domina, já que é mais informativa do que ele. Algumas exemplificações enciclopédicas são frequentemente deste tipo: sem a imagem, uma concepção do objeto seria muito difícil de ser expressa.
- Imagem e texto têm a mesma importância; a imagem está integrada ao texto. Portanto, a relação texto-imagem se encontra aqui entre redundância e informatividade.

É bom lembrar que nem sempre a relação texto-imagem é apenas dual, mas ocorre em uma tríade: texto impresso, imagem ilustrativa e sua legenda. Isso é comum na imprensa, quando "a legenda comenta a imagem que, sozinha, não é totalmente entendida. A imagem ou a figura comenta o texto e, em alguns casos, a imagem até comenta sua própria legenda" (Moles, 1978, p. 22, citado por Santaella; Nöth, 1998, p. 55).

3.7
A questão da dominância

A relação mais geral que pode ser estabelecida entre imagem e texto é aquela que diz respeito à dominância de um sobre o outro, tema que trataremos já no campo da publicidade.

3.7.1
Dominância textual

De acordo com o *site Plataforma do Letramento* (2017), um texto é dominante em relação à imagem quando ele contém mais informações que esta. Nesse caso, podemos dizer que a imagem é minimizada, logo, sua função ilustrativa está em segundo plano. A maioria das informações são passadas pelo texto, e não pela imagem, configurando a dominância textual.

O caso mais radical de dominância textual nos meios publicitários é aquele da mensagem que não contém imagem. Certamente quando se fala de *ausência de imagem* no anúncio publicitário, isso tem que ser relativizado, visto que, nessa mídia, o texto, por meio da diagramação, do jogo dos espaços cheios e vazios, da ocupação das palavras no plano, do uso de tipos gráficos e da variação de seus tamanhos, acaba por criar uma visualização que transforma o verbal em "quase-imagem". Em razão disso, não é possível afirmar de antemão que um anúncio não tem qualidade porque não contém imagens, pois tudo depende da composição verbal que é criada com potencialidade para dispensar a imagem.

3.7.2
Dominância imagética

No caso de dominância imagética, a imagem do produto contém mais informações do que o texto, relegando este a um plano de menor importância, ou, para usar a terminologia que adotada na seção anterior, a um *segundo plano*. A imagem pode ser dominante no meio publicitário devido não só à sua dimensão, mas também a outros atributos constitutivos, como cores, complementaridade e contraste de cores, textura, linhas e formas, equilíbrio e tensão, figura e fundo etc. Nesse caso, a imagem é capaz de transmitir tanta informação e capturar o receptor por meio de seus atributos que a presença de textos que não seja mínima sobrecarregaria o conjunto.

Embora sejam comuns os casos de dominância da imagem na publicidade, raríssimos são os casos de anúncios constituídos apenas de imagens, pois todo anúncio precisa conter informações denotativas sobre o produto ou serviço que veicula. É o que costuma ser chamado de *fator funcional do produto*, que deve entrar em complementaridade com os fatores emocionais, sempre mais sedutores que informações objetivas.

Apesar das restrições que a imagem sofre em sua ambição solitária no campo da publicidade, existem casos em que a marca do produto que a imagem veicula já está tão impregnada na memória coletiva, a credibilidade construída pela marca e a fidelidade consequente do consumidor a ela tão garantidas, que quaisquer descrições ou justificativas verbais se tornam desnecessárias.

Há alguns anos, antes da Lei Cidade Limpa, um belo exemplar de publicidade sem palavras da marca Hugo Boss, de certa forma, enfeitava as ruas. A imagem de um bonito homem semirreclinado, com ar *blasé,* fisgava o campo visual das pessoas em movimento. Apenas no canto à direita, minimizada em relação à imagem, aparecia a marca. Embora menor no tamanho, a inscrição verbal da marca estava em uma posição estratégica: a concha entreaberta da mão, descansadamente pousada sobre o rosto, ocupava justamente o primeiro plano da imagem. Uma pessoa que não conhecesse a marca seria levada a pensar que Hugo Boss era o nome do homem fotografado, mas o anúncio sabia a quem se destinava: a uma classe de homens que certamente, desde então e até hoje, conhece e confia na marca. A posição descansada do corpo, o ar displicente, certa indiferença confiante de si, tudo isso compunha a mensagem que a imagem era capaz de criar sozinha.

3.8
Tipos de conexões entre texto e imagem

Além da dominância, variação mais básica da relação entre texto e imagem, há um elenco de outras possibilidades mais sutis das conexões entre esses dois fatores. Analisaremos cada uma a partir de agora.

3.8.1
Redundância

No que se refere à relação entre imagem e texto, o conceito de *redundância* advém da teoria da comunicação e designa duplicidade de informações, uma duplicidade supérflua, isto é, desnecessária. A imagem somente repete aquilo que já está expresso no texto e vice-versa. Nenhuma informação nova é gerada.

Nesse caso, há a mera duplicação informacional entre imagem e texto. Ambos contêm o mesmo tipo de conteúdo, e cada um expressa à sua maneira, isto é, com as características e os potenciais que apresentam em suas naturezas de imagem ou de texto.

A forma mais trivial de redundância em publicidade acontece no caso da imagem e da legenda escrita de um produto. Por exemplo, a foto de uma garrafa de bebida com uma etiqueta, sobre a qual se lê o nome da bebida desempenhando o papel de uma legenda. Para a publicidade, esse tipo de texto pode funcionar como uma estratégia especial com respeito à transmissão de informações por meio de texto e imagem. Para chamar duplamente a mensagem à memória do receptor, usa-se imagem e palavra como garantia de que a mensagem pretendida, de fato, atinja o consumidor. Muitas vezes a redundância ocorre para garantir que a imagem seja, de fato, interpretada tal qual, sem ambiguidade.

Além disso, a forma redundante tem a vantagem de poder ser transmitida mediante um único meio, que consiste somente em mostrar o produto. Uma vez que todo produto tem uma embalagem indicadora de seu conteúdo, a mensagem publicitária será reconhecida pela imagem ou pelo texto impresso. Essa redundância pode ser usada para atingir sobretudo certos públicos, por exemplo, em locais com índices elevados de analfabetismo.

Cumpre ressaltarmos que a redundância em anúncios publicitários não é muito comum, pois não é eficaz para as finalidades visadas pela publicidade, uma vez que esta busca não apenas colocar o produto em destaque, mas sobretudo transmitir mensagens positivas sobre ele de modo a incitar o cliente potencial a adquiri-lo. Para tanto, formas mais complexas de relação entre texto e imagem são necessárias, conforme veremos a seguir.

A tudo isso se acresce o fato de que imagem e texto nunca são inteiramente substituíveis. Uma imagem só consegue representar parcialmente uma mensagem escrita, e o contrário também é verdadeiro: a imagem tem atributos que lhe são próprios e que a palavra não tem poder de imitar. Apesar disso, uma genuína redundância não pode ser totalmente excluída.

3.8.2
Complementaridade

Texto e imagem estão em uma relação de complementaridade quando, como o nome diz, se complementam, ou seja, quando tanto o texto quanto a imagem são necessários para o entendimento geral da mensagem. A imagem preenche algo que faltaria ao texto e vice-versa. Sem a informação do texto, o significado da imagem teria seu sentido incompleto, e o mesmo acontece com o texto. Em outras palavras: texto e imagem são igualmente necessários para o entendimento do anúncio. Há, portanto, uma distribuição equitativa da informação.

O contrário também é válido: uma imagem igualmente pode contribuir para o entendimento de um texto, cuja completude depende da informação trazida pela imagem. Um exemplo desse tipo é o texto de um anúncio da Brahma que diz: "Cerveja Brahma em edição especial", cuja imagem mostra a cerveja engarrafada em uma garrafa de champanhe, com folha de alumínio e rolha de cortiça.

Uma segunda forma da complementaridade da conexão entre texto e imagem é a transposição da imagem em texto. Isso pode acontecer no nível da palavra ou em um pequeno extrato de texto, a saber, em grafemas. A imagem torna-se uma letra devido à sua forma e localização, como aparece em um anúncio da COOL, marca alemã de preservativos masculinos. A imagem do produto é colocada de tal forma que compõe a letra O. Uma segunda imagem ajuda a formar a palavra COOL (em português, *legal, bacana*). Embora não seja comum encontrar soluções como essa, pois elas dependem de encontros certeiros, o que se tem aí é uma solução bem-acabada do atributo da concisão, que é regra magna do anúncio publicitário.

3.8.3
Discrepância e contradição

Quando não existe uma conexão entre texto e imagem, então, estamos diante de um tipo de relação denominada *discrepância*. Nesse caso, não é possível reconhecer uma possível relação entre a imagem e o texto, pois eles podem estar um ao lado do outro sem criar uma conexão significativa. O leitor busca a conexão, mas não consegue encontrá-la de imediato. Em casos extremos, pode acontecer que o observador nem consiga entender o que a mensagem pretende significar, configurando uma *discrepância não intencional*.

Nesses casos, é comum que a chamada apresente um tema em que a conexão pretendida não é imediata. Casos mais extremos de discrepâncias atingem o limite da contradição, ou seja, quando texto e imagem se contradizem.

Além disso, alguns tipos de contradições podem ser encontrados em caricaturas com intenções irônicas que usam recursos contraditórios propositalmente. Em tais casos, a intenção é incitar o leitor a uma reflexão e criar humor na recepção do texto. De fato, o uso do humor ou da ironia em relações entre texto e imagem é perfeitamente possível e, muitas vezes, bastante eficaz.

Portanto, nem sempre a contradição tem uma função negativa. Muitas vezes, ela ocorre porque o emissor da mensagem pretende instigar a curiosidade do receptor, levando-o a explorar mais de perto a mensagem na tentativa de encontrar o ponto-chave de uma conexão não imediatamente evidente entre texto e imagem.

Perguntas & respostas

O que é redimensionamento?

A *Plataforma do Letramento* (2017) esclarece que o redimensionamento

> ocorre quando a dimensão esperada de uma imagem ou de um texto é hipertrofiada, quer dizer, é engrandecida de tal forma que pode chegar até mesmo a perder qualquer efeito de realidade. Trata-se de um tipo de relação que apresenta alguma similaridade com a relação de dominância [...]. [Entretanto, nesta,] o que ocorre é um desequilíbrio na equivalência do espaço ocupado pelo texto e pela imagem, enquanto, no

redimensionamento, texto ou imagem adquirem características quase fantasmagóricas.

3.8.4
Ressignificação

De acordo com a *Plataforma do Letramento* (2017), a ressignificação é

uma transformação do significado da imagem e/ou do texto. Ambos estão lado a lado ou em qualquer outra posição no espaço, entretanto o texto pode provocar outro entendimento da imagem ou vice-versa. Muitas vezes, esse processo de ressignificação pode acordar significados que poderiam estar contidos na imagem ou no texto, mas é apenas a referência de um em relação ao outro que faz o novo sentido emergir.

Figura 3.1 Anúncio com ressignificação

O RONCO DOS MOTORES VAI ENCOBRIR O CANTO DAS SEREIAS.

Boat Show Eventos 2016 – Campanha Big Bee

Em um anúncio da São Paulo Boat Show 2016, por exemplo, no qual um barco "navega" sobre os cabelos de uma mulher, tudo parece indicar que a ressignificação opera sobre o mito da sereia. Para isso, a junção da imagem e do texto se dá por camadas de similitudes quase metafóricas. Os movimentos dos cabelos apresentam semelhanças com o movimento da água, mas também com os longos cabelos das sereias. Aliás, a imagem da sereia só vem à mente porque o texto – "O ronco dos motores vai encobrir o canto das sereias." – alude ao mito. Há, nesse anúncio, um misto de redimensionamento e ressignificação. Para que a ressignificação opere, a figura da jovem tem de ser engrandecida de modo que ela possa ser alçada à ideia do mito.

Quando a junção de texto e imagem nas imagens fixas são comparadas com as intrincadas misturas entre linguagens (texto, imagens, sons, animações, vídeos etc.) que os meios digitais hoje possibilitam, salta à vista o desnível de complexidade entre essas duas realidades. Entretanto, as combinatórias de imagem e texto em superfícies estáticas já contêm as sementes da lógica que presidem a mistura entre linguagens.

Para saber mais

Aprimore seus conhecimentos a respeito das teorias da imagem com a obra:

SANTAELLA, L.; NÖTH, W. **Imagem**: cognição, semiótica, mídia. São Paulo: Iluminuras, 1998.

Basta ver o motivo recorrente de uma paisagem *western*, com seus padrões visuais bastante típicos, que a marca Marlboro já vem à mente, dispensando a inscrição verbal da marca ou de qualquer texto que a acompanhe. Você poderá ler uma análise sobre isso em:

SANTAELLA, L.; NÖTH, W. **Estratégias semióticas da publicidade**. São Paulo: Cengage Learning, 2010.

Síntese

Neste capítulo, analisamos a natureza híbrida da redação publicitária, ou seja, as linguagens que se misturam, processo esse que se intensificou no decorrer da história e teve seu ápice com o advento da internet, em que o computador permite e facilita todas as misturas possíveis do texto com a imagem, o som e o audiovisual. Conforme já mencionamos, desde a invenção da fotografia, dos meios de gravação sonora, do cinema, do rádio e da televisão, a linguagem escrita perdeu a soberania quase exclusivista.

Constatamos que, ainda que existam publicidades compostas apenas de texto verbal, exclusivamente feitas de palavras, contemporaneamente, essa não é a regra. De maneira geral, abordamos o potencial que a imagem tem de seduzir o olhar, de captar atenção e, em virtude disso, desvendamos as formas como encontrar o ponto de convergência exato entre imagem e texto e de que maneira eles se completam.

Para tanto, examinamos o conceito de *imagem* e suas várias definições e teorias, bem como o texto e a imagem especificamente na publicidade, abrangendo questões como dominância, redundância e complementaridade, além de discrepância, redimensionamento e ressignificação.

Por fim, é válido lembrar que há diferentes modalidades de junção entre palavra e imagem; optamos por selecionar apenas algumas delas no contexto do anúncio publicitário, mas esses estudos pretendem instigar sua pesquisa nesse âmbito.

Questões para revisão

1) Defina, com suas palavras, o termo *imagem visual*.
2) Compare Barthes (1971, 1977) com Eco (1968, 1969) no que diz respeito aos tipos de publicidade ilustrada.
3) Analise as alternativas a seguir e marque V para as verdadeiras ou F para as falsas.
   ( ) A divisão semiótica entre ícone, índice e símbolo não serve para a imagem.
   ( ) As relações entre texto e imagem sempre apontam para alguma deficiência entre eles.
   ( ) Além de variadas, as relações entre texto e imagem são bastante sutis.
   ( ) A informação dada pela imagem é sempre inferior àquela do texto.
   ( ) Textos necessitam de imagens para que seu sentido se complete.

   Agora, assinale a alternativa que apresenta a sequência correta:
   a) F, V, F, F, F.
   b) V, F, F, V, F.
   c) F, F, V, F, F.
   d) V, V, F, F, F.
   e) V, V, V, F, F.

4) Analise as afirmativas a seguir.
   I) A redundância é impossível na relação entre texto e imagem.
   II) A ressignificação se dá quando o texto sugere outras significações para a imagem.

III) A contradição é um fator que pode operar na relação entre texto e imagem.

IV) A complementaridade pode se dar do texto para a imagem e vice-versa.

V) A lógica das relações entre palavra e imagem já está contida nas formas fixas de linguagem.

Agora, assinale a alternativa correta:

a) As afirmativas II, III, IV e V são verdadeiras.
b) Somente as afirmativas I e IV são verdadeiras.
c) A afirmativa III é a única falsa.
d) Todas as afirmativas são falsas.
e) As afirmativas I, III, IV e V são verdadeiras.

5) Por que a imagem depende tanto de convenções quanto de similaridade?
a) Porque a semelhança da imagem com aquilo que ela representa é suficiente para sua significação.
b) Porque sem as convenções de representação não seria possível criar o efeito de similaridade.
c) Porque todos os autores concordam sobre o equilíbrio no papel das convenções e da similaridade.
d) Porque nenhum autor propõe apenas o predomínio das convenções para a composição das imagens.
e) Porque as convenções são independentes da cultura.

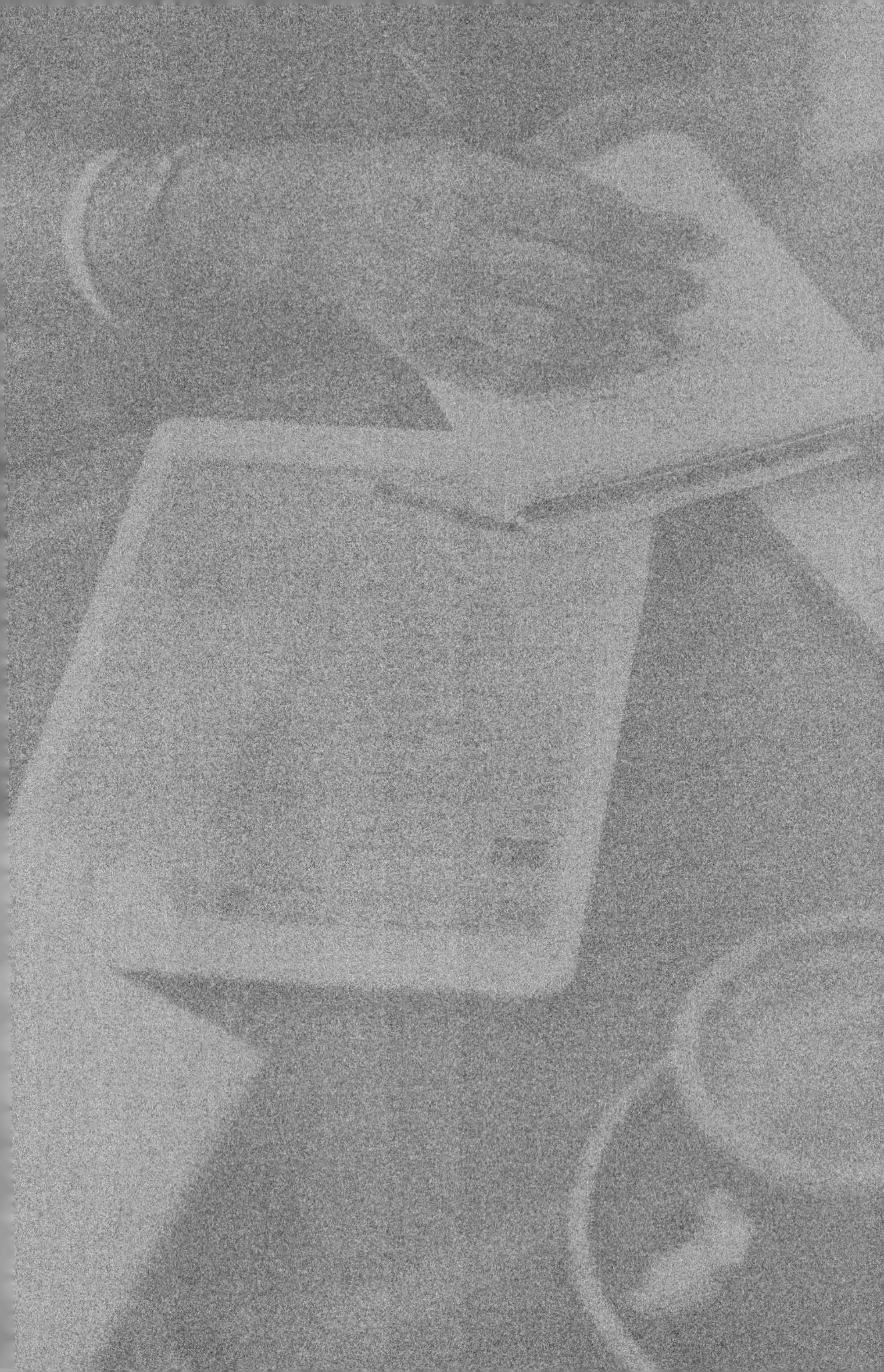

4
A publicidade no "planeta internet"

Conteúdos do capítulo:

- Evolução da internet.
- Digitalização e convergência das mídias.
- Da *Web* 1.0 à *Web* 2.0.
- O incremento dos dispositivos móveis.
- Transformações da linguagem escrita.
- Da escrita à hipermídia.
- Tipos de leitores.
- Desafios da publicidade no digital.
- Novos formatos de produção e propagação publicitária.

Após o estudo deste capítulo, você será capaz de:

1. compreender a internet como o principal dos novos ambientes de inserção da redação publicitária;
2. inferir sobre as transformações que os ambientes *on-line* estão aptos a trazer para a redação publicitária;
3. identificar os novos desafios que a internet apresenta para a publicidade;
4. analisar a maleabilidade e a plasticidade necessárias para a reinvenção da redação publicitária em novos formatos.

A internet é um gigantesco ambiente informacional, ou melhor, um ambiente de "infotenimento" (informação + entretenimento), feito de múltiplos e diferenciados ambientes, que, por sua vez, são feitos para ser habitados. De fato, nós habitamos a internet, que hoje se constitui em uma imensa nuvem de dados de todos os tipos possíveis. Desde o advento dos dispositivos móveis, como celulares, *tablets* e *notebooks*, conectados às redes, passamos a habitar e nos mover simultaneamente em dois universos: o físico, em que nossos corpos se locomovem, e o informacional, ao qual temos acesso ao mero toque dos dedos.

Tendo em vista a abrangência e o poder desse ambiente informacional, quando se insere nesse universo, a publicidade precisa saber muito bem em que "planeta" está entrando. Por isso, neste capítulo, apresentaremos um panorama das características peculiares da internet e de como a publicidade se comporta dentro dela.

Não pode haver equívoco maior do que considerar a internet como uma mídia, do mesmo modo que são mídias o jornal, o cinema, o rádio e a televisão. Ainda que quiséssemos insistir no uso da palavra *mídia*, precisamos ponderar que a internet é, então, a mídia de todas as mídias e, portanto, chamá-la assim seria minimizar sua complexidade. Caracterizá-la como um "planeta" pode até parecer hiperbólico, mas, se assim o for, essa hipérbole é intencional.

Em uma de suas grandes teses, McLuhan (1971) defende que toda tecnologia de comunicação cria um ambiente humano totalmente novo. Ambientes midiáticos não são meramente passivos, mas intensamente ativos, e criam novas ecologias que transformam os hábitos, o comportamento, os modos de pensar, de agir, de sentir e de conviver dos seres humanos. Se isso sempre foi válido desde a oralidade nas sociedades tribais, passando pela era da linguagem impressa de Gutenberg e, então, pela era dos meios de massa e da cultura massiva, o que dizer agora do universo digital? Sim, trata-se de um universo que está provocando um verdadeiro abalo sísmico nas sociedades humanas. Para nos inteirarmos minimamente das características básicas que esse universo apresenta, é preciso seguir, mesmo que com brevidade, o estonteante processo evolutivo e transformador daquilo que costuma ser denominado *revolução digital*, restringindo-nos, evidentemente, a seu aspecto comunicacional.

4.1
A estonteante evolução da internet

Vamos começar chamando a internet de *grande rede de todas as redes*. Ela é fruto do computador, seus programas e seus algoritmos. Por sua vez, o computador, que se constitui no grande agente em comando, em seus primórdios, era enorme, de grandes caixas fechadas, ocupando salas inteiras. Seguindo o panorama já elaborado por Braga e Santaella (2014) e por Lemos (2002), quando nasceu, o computador tinha por função mastigar números, realizando cálculos a uma velocidade com que a mente humana não podia competir. Em 1969, foi criada a Arpanet, uma rede de computadores que ligava vários centros de pesquisa, fazendo com que uma máquina pudesse se comunicar com várias ao mesmo tempo. Na década de 1980, algumas redes similares à Arpanet já existiam pelo mundo, robustas o suficiente para permitir sua unificação em uma grande rede, que passou a ser designada de *internet*.

Foi também nos anos 1980 que os computadores pessoais, os chamados *PCs*, começaram a entrar nos ambientes domésticos com seus três módulos separados: gabinete, monitor e teclado, funcionando como interfaces amigáveis que permitiam ao usuário estabelecer uma conversação mais próxima com o computador, por meio de códigos e comandos programados. Entretanto, os computadores pessoais eram ainda caixas fechadas, com grande potencial para armazenamento e processamento de dados, mas sem qualquer possibilidade de comunicação para além da máquina fechada em si mesma.

O grande salto, que transformou o computador em um meio de acesso a bancos de dados remotos e um meio de comunicação interpessoal, aconteceu quando os computadores pessoais puderam ser conectados às redes. Nascia, assim, o meio de comunicação mais poderoso de todos os tempos. Munidos de um computador pessoal e com a ajuda de alguns protocolos cada vez mais facilmente manipuláveis, os seres humanos passaram a se conectar com pessoas, instituições e dados de e para quaisquer lugares do planeta.

Mas o poder do computador não parou aí. Outro grande salto deu-se quando surgiu a interface gráfica de usuário, ou seja, técnicas de *design* e usabilidade que possibilitam a interação entre o ser humano e o computador. Essas técnicas envolvem *softwares* (programas de computador) e suas aplicações.
O que aparece na tela do monitor, graças a essas técnicas, são janelas, ícones, menus e ponteiros. Usando o dispositivo do ponteiro, acionado pelo *mouse* ou pelo toque, pode-se controlar a posição do cursor e chegar a informações organizadas em janelas, representadas por ícones.

Com isso, os hábitos dos ouvintes e espectadores dos meios de massa foram se transformando e fazendo emergir o usuário das redes. Isso significa que começou a mudar aí a relação receptiva de sentido único com o televisor para o modo interativo e bidirecional que é exigido pelos computadores.

> As telas dos computadores estabelecem uma interface entre a eletricidade biológica e tecnológica, entre o utilizador e as redes. Na medida em que o usuário foi aprendendo a falar com as telas, através dos computadores, telecomandos, gravadores de vídeo e câmeras caseiras, seus hábitos exclusivos de consumismo automático passaram a conviver com hábitos mais autônomos de discriminação e escolhas próprias. Nascia aí a cultura da velocidade e das redes. (Santaella, 2008, p. 19)

É válido mencionar, ainda, que essa cultura da velocidade e das redes foi batizada de *cibercultura* ou *cultura digital*.

4.2
Digitalização e convergência das mídias

De acordo com Santaella (2003), em pouco tempo, aquela máquina, que só processava números e letras (dígitos), começou a incorporar, além dos textos, todos os tipos de linguagens: imagens das mais diversas espécies, como gráficos, desenhos, fotos; sons de todos os tipos, como música, ruído, som ambiente, incluindo os de produções audiovisuais. Isso se tornou possível porque, via digitalização, todas as fontes de informação e até mesmo fenômenos materiais, processos naturais e nossas simulações sensoriais (como ocorre nos sistemas de realidade virtual) estão homogeneizados em cadeias sequenciais de 0 e 1. Os *bits* sempre foram a partícula subjacente à computação digital, mas, em pouco tempo, o vocabulário binário se expandiu. Agora, além de números, é possível digitalizar diferentes tipos de informação.

Antes da digitalização, cada mídia tinha seu suporte específico: o texto no papel, a fotografia na película química, o som e o vídeo em fitas magnéticas. Uma das grandes revoluções introduzidas pelo computador foi a de liberar as mídias de seus meios de transporte tradicionais: fio para o telefone, ondas para o rádio, satélites para a televisão. Ademais, enquanto os sinais analógicos dependem de estocagem onerosa e se degradam com facilidade, a qualidade do digital tem mais durabilidade. A consequência disso, com grandes implicações no mundo da linguagem, foi a emergência e rápida evolução da multimídia, que levou à convergência das quatro formas principais que tradicionalmente dominavam na comunicação humana:

1) publicações em papel (imprensa, revistas e livros);
2) audiovisual (cinema, televisão, vídeo);
3) telecomunicações (telefone, satélites, cabo);
4) informática (computadores e programas informáticos).

Isso passou a ser chamado de *convergência das mídias* e, desde os anos 2000, a cultura digital já havia se instaurado – os usuários dominavam com destreza as interfaces computacionais com suas páginas rolantes, janelas, cascatas e rotas de navegação. Esse período da internet ficou conhecido como *Web 1.0*.

4.3
Da *Web* 1.0 à *Web* 2.0

Segundo Koo (2011), as características da *Web* 1.0 podem ser resumidas nos seguintes itens:

- popularização do computador pessoal;
- incorporação dos aplicativos pelos usuários para a realização de tarefas cotidianas;
- universalização do sistema Windows;
- expansão no uso da computação gráfica;
- presença crescente das redes na vida das pessoas;
- migração crescente do analógico para o digital;
- primeiras experiências com o comércio eletrônico;
- revés sofrido pelo comércio eletrônico;
- emergência promissora da telefonia móvel.

Em suma, a *Web* 1.0 trouxe a possibilidade de conectar informações, cujas formas mais representativas encontravam-se nos portais corporativos e de conteúdo, nos mecanismos de busca, ainda rudimentares na época, nos *sites* em geral, nas bases de dados e nos servidores de arquivos. No universo dos usuários, a grande febre eram os *chats*, salas de conversação, ainda inteiramente verbais. É delas que hoje derivam os *sites* de relacionamento, como o Facebook.

A passagem da *Web* 1.0 para a *Web* 2.0 foi marcada pelo foco voltado para o usuário. Esse é o grande tema da *Web* 2.0, na medida em que esta democratizou a informação, colocando-a no fluxo das conexões sociais. Suas inovações tecnológicas são principalmente:

- popularização da banda larga para a expansão conectiva;
- surgimento das redes sociais: Orkut, Twitter, Facebook etc.;
- surgimento e popularização dos dispositivos móveis, inaugurando a era da conexão contínua;
- consolidação da convergência digital;
- segunda fase do comércio eletrônico;
- *cloud computing* (computação em nuvens);
- programas voltados para a aprendizagem digital.

Nesse sentido, podemos dizer que é a conectividade entre pessoas que caracteriza a *Web* 2.0, cujas tecnologias básicas são o *groupware*, as *wikis*, os *weblogs*, os portais de comunidades, o leilão eletrônico, a *instant messaging* e, certamente, as redes sociais, que são as meninas dos olhos dessa era.

Os termos característicos da *Web* 1.0 eram *disponibilizar, buscar, ter acesso* e *ler*. Na *Web* 2.0, as novas palavras de ordem são *expor-se, trocar* e *colaborar* em atividades de interação, que encontram suas bases em princípios de confiança e de compartilhamento. Esses princípios expandiram-se remarcavelmente com o desenvolvimento das redes sociais na internet (Santaella, 2010; Santaella; Lemos, 2010).

> Estas [as redes sociais] são uma categoria de *softwares* sociais com aplicação direta para a comunicação mediada por computador. São elas: *fotologs (Flickr* e *Fotolog)*, ferramentas de *micromessaging (Twitter* e *Plurk)*, sistemas como [...] o *Facebook* e outras menos populares.
>
> Algumas delas têm características mais típicas do que outras, no entanto, todas têm um mesmo atributo: membros que são

participantes cadastrados por meio de um processo de fornecimento de informações pessoais, sendo que umas requerem aprovação para ingresso e outras não. [...]

Embora todas as redes sociais sejam programas que existem para facilitar e mesmo encorajar a participação dos usuários, por meio de interfaces dialogáveis, podendo inclusive ser mantidos pelo sistema e não necessariamente pelas interações, o que é preciso levar em conta é que as redes são constituídas pelos participantes que delas se utilizam, pois, sem eles, as redes não poderiam existir. Recuero (2009) dividiu os *sites* de redes sociais em sistemas que permitem:

a) a construção de uma *persona* através de um perfil ou página pessoal,
b) a interação através de comentários e
c) a exposição pública da rede social de cada ator. (Santaella, 2012a)

> Na *Web* 2.0, as novas palavras de ordem são *expor-se, trocar* e *colaborar* em atividades de interação, que encontram suas bases em princípios de confiança e de compartilhamento.

Além dos *sites* de redes sociais altamente dialogáveis, os *blogs* foram povoando cada vez mais a *web*. Isso sem citarmos o impressionante fenômeno do YouTube, seguido de outras plataformas similares como o Vimeo. Em 2013, foi feito um levantamento da quantidade de buscas, postagens e visualizações que ocorrem na internet. Os números resultantes são assombrosos e, de lá para cá, cresceram exponencialmente. De fato, não faltam pesquisas quantitativas que apontam para os trânsitos informacionais impressionantes que ocorrem nas redes e que o WhatsApp leva hoje a um ponto inimaginável.

Seria impossível, entretanto, compreender o fervilhamento das redes sociais e de outros aplicativos se não levarmos em conta o enorme salto transformador no uso e na vivência da internet que ocorreu com o advento dos dispositivos móveis, especialmente celulares e *tablets*.

4.4
Incremento dos dispositivos móveis

Desde a sua segunda geração, os celulares já permitiam navegar na internet com baixa velocidade. Quando surgiu a terceira geração, esses dispositivos passaram a incluir acesso à internet banda larga, a ter acopladas câmeras digitais de boa definição, a contar com sistemas de posicionamento e a permitir a transmissão e recepção de mensagens de texto e multimídia, vídeos e *games*. Hoje, os celulares já entraram na quarta geração (4G), o que significa ainda maior incremento nos aparelhos, especialmente em relação à velocidade dos dados móveis. O que nos interessa aqui, contudo, é chamar atenção para o fato de que, com esse pequeno aparelho que cabe na palma de nossas mãos, a nuvem informacional pode ser acessada ao toque dos dedos, a comunicação de qualquer ponto do globo para qualquer outro ponto se faz em frações de segundos e, com o sistema de posicionamento, nossos deslocamentos podem ser acompanhados pela monitorização *on-line* dos espaços físicos.

Com tudo isso, a plataforma PC, não mais o único e principal meio de navegar nas redes, foi marginalizada, só sendo utilizada para tarefas específicas. Os *smartphones*, *tablets*, TVs inteligentes, automóveis etc. têm conexões com o mundo *web* por meio de *plug-in* ou *driver* (suporte específico) para vários tipos de dispositivos. Os responsáveis pela substituição paulatina dos *desktops* são também os navegadores atuais. Graças a eles, podemos redigir um documento e compartilhá-lo imediatamente com nossa comunidade virtual, assim como, em seguida ou simultaneamente, assistimos a um vídeo e, logo depois, sem fechar o navegador, acessamos *e-mails* e batemos um papo na página da rede social que está aberta ao lado. A convergência dos dispositivos não está apenas nas conexões estabelecidas entre eles, mas também nas funcionalidades. *Notebooks*, *tablets*, *smartphones* e TVs digitais passam a apresentar funções semelhantes: acesso à *web*, capacidade de armazenamento, tratamento de imagens, aplicações de conexão a redes sociais etc. (Koo, 2011; Santaella, 2013).

A evolução da internet tem sido atordoante justamente porque não tem parada. Há algum tempo já se espera a Web 3.0, ou *web semântica*, que promete sofisticar em precisão nossos sistemas de busca. Hoje, adentramos o universo da internet das coisas, do *big data* e, para o entretenimento em *streaming*, a Netflix vem revolucionando nossa maneira de assistir à televisão.

Perguntas & respostas

De que forma tudo isso se relaciona à redação publicitária?

O que interessa à redação publicitária em ambientes digitais – além do panorama que traçamos aqui, que teve por finalidade evidenciar que a internet é realmente um planeta, uma infosfera composta de múltiplos ambientes – é o fato de que as redes fizeram emergir uma **nova linguagem humana**, a linguagem hipermidiática, cujas natureza e consequências sensórias e cognitivas para o ser humano precisam ser consideradas por todos aqueles que pretendem produzir publicidade no universo digital.

4.5
Transformações da linguagem escrita

Quando pensamos na linguagem escrita, reduzimos esse pensamento à escrita alfabética. Contudo, não somente existiram, e até continuam a existir, outras formas de escrita, como as pictográficas, as hieroglíficas e as ideogramáticas, mas também foram muitos os suportes para sua fixação.

Deixando no passado o pergaminho e as tábuas de madeira cobertas com cera dos romanos,

> Foram os chineses que deram início à confecção do papel produzido com fibras vegetais. Para passar da China para o Ocidente, o papel precisou da mediação dos árabes. Sem o papel, os tipos móveis de Gutenberg não teriam função. Estes precisavam de uma superfície a um só tempo resistente para suportar o peso do chumbo e porosa para absorver a tinta. Tipos móveis e papel constituem um encontro feliz, uma aliança que deu certo, reinou soberana e quase exclusiva por quatro séculos. Dessa aliança nasceu a história do livro impresso que, até a explosão do jornal, no século XIX, era o único meio de armazenamento, memória e transmissão do conhecimento e da informação letrada. (Santaella, 2013, p. 189)

O jornal e suas máquinas rotatórias foram contemporâneos da Revolução Industrial, que trouxe um marco de transformação cultural cuja profundidade não pode ser minimizada. Com ela, vieram o vapor, os trens, o telégrafo, a popularização dos correios, o surgimento dos cartões postais, a eletricidade, a fotografia, a gravação sonora, o telefone e a cinematografia. Portanto, o advento da Revolução Industrial deve ser lembrado no contexto da palavra escrita, pois foi nessa época que o texto verbal começou a viajar do livro para os jornais, a publicidade, os cartões postais etc. Além disso, iniciava-se a concorrência e competição com o mundo da imagem fotográfica, cinematográfica e televisiva no contexto da cultura de massas.

Entretanto, o grande marco mutacional da linguagem escrita estava por vir com a emergência do computador e da cultura digital. Esse marco surgiu quando o computador se transformou em um meio de comunicação planetário. São poucos aqueles que colocam a devida ênfase no fato de que, a partir do computador, a linguagem escrita saltou de seu *habitat* secular, do papel, para as telas eletrônicas e, nesse salto, também mudou de natureza. À medida que os computadores ficaram potentes, acessíveis e miniaturizados, as palavras passaram a coreografar junto a outras linguagens: setas, gráficos, cascatas, imagens e sons de todas as naturezas. São essas coreografias que receberam o nome de *hipermídia*.

4.6
Da escrita à hipermídia

Muitos são aqueles que comparam e equacionam a atual revolução digital com o advento da prensa manual de

Gutenberg. Em seu livro, hoje antológico, *The Language of New Media*, Lev Manovich (2001) rejeita essa comparação, afirmando que, embora tenha provocado consequências extremamente significativas, a prensa de Gutenberg afetou apenas o estágio da distribuição da informação verbal. A fotografia, também revolucionária para a época, por sua vez, trouxe como novidade a automação na captura do mundo visível. O computador, entretanto, implica todos os estágios da comunicação, desde a aquisição e a manipulação até o arquivamento e a distribuição. E afeta todos os tipos de mídias: textos, imagens fixas, imagens em movimento, som e construções espaciais. Portanto, dois campos que haviam evoluído separadamente, a computação, de um lado, e as mídias, de outro, convergiram e provocaram o advento da cultura digital. Como resultado disso, o que mudou drasticamente foi a identidade que as mídias costumavam ter. Quando a cultura digital estava apenas começando a se sedimentar, Lev Manovich (2001) estabeleceu cinco **princípios das novas mídias**. Esses princípios têm sido muito citados e ficaram largamente conhecidos. São eles:

1) **Representação numérica**: embora apareçam nas telas em suas formas originais (texto como texto, imagem como imagem etc.), todas as novas mídias têm em suas bases o código digital, isto é, numérico. Disso decorre o fato de que uma nova mídia pode ser descrita formalmente, ou melhor, matematicamente; uma nova mídia pode ser manipulada por algoritmos, por isso, ela é programável.
2) **Modularidade**: princípio que pode ser comparado a uma estrutura fractal, a qual preserva a mesma estrutura ainda que em mudança de escala. Assim, uma nova mídia também apresenta estrutura modular. Isso porque os

elementos das mídias (sons, formas ou comportamentos) são compostos por elementos discretos, ou seja, *pixels*, polígonos, caracteres etc. Esses elementos vão se conjugando em elementos de escala maior, mantendo sua identidade própria. A WWW é um bom exemplo disso, uma vez que apresenta inumeráveis páginas, cada uma delas contendo elementos midiáticos separados, que podem ser acessados por si mesmos.

3) **Automação**: decorre da codificação numérica das mídias (princípio 1) e da estrutura modular de seus elementos (princípio 2), ou seja, a automação de muitas operações envolvidas na criação, manipulação e acesso às mídias implica que o processo criativo não mais depende exclusivamente das intenções de quem cria. Do ponto de vista do usuário, a automação pode ser constatada nos processos de busca que dão acesso às mídias e em sua classificação. Isso é capaz de explicar por que os motores de busca evoluíram tão notavelmente.

4) **Variabilidade**: qualquer objeto das novas mídias, graças à sua modularidade e ao princípio da manipulação, pode ser apresentado em uma variedade de versões. Na era da reprodutibilidade, de que a fotografia e o cinema são exemplares, um objeto midiático recebia uma forma fixa que podia ser reproduzida em cópias. As novas mídias, por sua vez, são mutáveis e variáveis, e isso é fruto da automação e da modularidade, que permitem modificações computacionais. Arquivos digitais resguardam a identidade separada das mídias e, ao mesmo tempo, possibilitam seus rearranjos graças ao controle de programas específicos.

5) **Transcodificação**: na base desse princípio se encontra o sistema de processamento e arquivamento. Por exemplo,

embora na tela do computador apareça uma imagem, em sua base, ela consiste de um cabeçalho que o computador pode ler, além de uma série de números representativos dos valores de cor. Então, a imagem pode dialogar com outros arquivos do computador. O que caracteriza esse diálogo não é o conteúdo específico, nem são os significados e as qualidades formais que caracterizam a imagem. O que vale, ao contrário, é o tipo e o tamanho do arquivo, que depende da dimensão da compressão que utiliza.

Em função desses princípios, Manovich (2001) estabelece duas camadas constitutivas das novas mídias:

1) **Camada cultural**: refere-se ao modo como aparecem. Exemplos dessa primeira camada são provenientes dos textos e imagens que pertencem ao acervo da cultura, como as enciclopédias.
2) **Camada computacional**: é submersa, ou seja, corresponde à linguagem da máquina. Na segunda camada, encontram-se as funções e variáveis que são próprias da linguagem da máquina e da estrutura dos dados.

É por isso que, para Manovich (2001), estudos culturais não bastam para entender as novas mídias. Eles precisam ser acompanhados por estudos de *software* (programas).

Os quatro primeiros princípios dependem da base binária da linguagem dos computadores (representação numérica); da programação orientada para o objeto (modularidade e variabilidade); e das arquiteturas em rede com sensores e atuantes (automação). O quinto princípio, da transcodificação, é o mais complexo, pois implica que ideias, artefatos e pressupostos da camada cultural sejam transcodificados na camada computacional. Disso é possível concluir que a computação se tornou um meio poderoso, sobretudo na medida em que absorve para dentro de si os conteúdos dos veículos tradicionais, tais como suposições culturais pré-conscientes que se expressam na retórica política, nos rituais religiosos e em muitos outros, como nos gestos e nas posturas que são transpostos das narrativas literárias e cinematográficas, dos registros históricos e de muitas outras formas de impregnação ideológica. Isso se tornou possível principalmente porque a linguagem universal do computador absorveu todas as formas de escrita, antes dele exclusivas dos meios impressos.

Tudo isso nos leva a pensar que seria ingênuo considerar a hipermídia, linguagem que emergiu com a internet, apenas como uma nova técnica de escritura. Sem deixar de ser uma técnica, ela é muito mais do que isso: é uma nova linguagem humana, para novas formas de socialização do ser humano em ambientes antes inexistentes, nos quais novas formas de pensar, agir e sentir são gestadas. Tudo isso sempre foi e sempre será inseparável da linguagem, pois, antes de tudo, somos constituídos pela linguagem.

4.7
Nasce uma nova linguagem

Desde o início dos anos 2000, Santaella (2001, 2004, 2007, 2013) tem repetidamente explicitado os traços definidores da hipermídia na qualidade de linguagem prototípica da era digital. De acordo com Piscitelli (2002), a hipermídia é composta por conglomerados de informação multimídia (verbo, som e imagem) de acesso não sequencial, navegáveis por meio de palavras-chave semialeatórias. Em um sistema como esse, os conceitos de escrita e de texto sofrem mudanças substanciais. Ainda que um elemento textual possa ser isolado, todo o sistema é primordialmente interativo e infinitamente aberto com mensagens em circuito continuamente variáveis.

Isso acontece porque o computador pode trazer de volta, em menos de um segundo, informações que estão armazenadas em sua memória. É por isso que podemos saltar de uma página a outra, de uma página em um documento para outra em outro documento, em quaisquer ordens, em um piscar de olhos. É isso que constitui o que é chamado de *reticularidade* ou *não linearidade* – elementos próprios da estrutura da linguagem descontínua das redes. Essa reticularidade é permitida pelos *hiperlinks*, assim chamados porque estão capacitados para conectar quaisquer dois pontos, sejam eles textuais, sejam de natureza visual ou sonora, que estão disponíveis no espaço digital. Esse princípio está na base do hipertexto e da hipermídia.

> Tudo isso nos leva a pensar que seria ingênuo considerar a hipermídia, linguagem que emergiu com a internet, apenas como uma nova técnica de escritura. Sem deixar de ser uma técnica, ela é muito mais do que isso: é uma **nova linguagem humana**.

Ao passo que o **hipertexto** é constituído pela conexão de pontos textuais, a **hipermídia** resulta da mistura de linguagens, processos sígnicos, códigos e mídias. Essa é a parte multimídia da hipermídia. Sua parte "hiper" depende do armazenamento reticular e não sequencial de múltiplas informações a que podemos ter acesso por meio de simples cliques. Disso advém a base fundamental da hipermídia: sua dependência das ações interativas do receptor que conduzem as junções das versões virtuais em incontáveis novas versões de textos, imagens e sons. Isso faz do receptor ativo, entendido como *interator*, um leitor imersivo, cujo perfil será explicitado a seguir.

Vários autores têm buscado as raízes da hipermídia nas enciclopédias clássicas, pois estas já apresentavam dispositivos de orientação similares ao funcionamento da hipermídia, podendo ser encontrados em dicionários, léxicos, índices, *thesaurus*, atlas, quadros de sinais, sumários e remissões ao final de artigos. O que diferencia o suporte digital, entretanto, é que a pesquisa nos índices e os usos dos instrumentos de orientação – a passagem de um nó a outro – agora se realizam em frações de segundos. Como se isso não bastasse, a digitalização permite associar e mixar na mesma metamídia sons, imagens fixas e animadas e textos (Lévy, 1996).

Essas são as condições atuais da escrita e do texto. Entretanto, o que mais importa é alertar para o fato de que, junto com a nova linguagem da hipermídia e inseparável dela, nasce um novo tipo de leitor, aquele que chamaremos de *ubíquo*.

4.8
Tipos de leitores

Na passagem da década de 1990 para os anos 2000, ainda estávamos em pleno processo de adquirir destreza e competência na dinâmica da navegação pelas redes (por incrível que pareça, tínhamos até mesmo de aprender como manusear e orientar o *mouse* na página). Era uma época em que os buscadores ainda não haviam atingido o nível facilitador do Google atual, nem existiam os aplicativos que hoje nos dirigem diretamente para aquilo que queremos, sem que tenhamos que seguir pistas a partir de variados cliques.

Na obra *Navegar no ciberespaço: o perfil cognitivo do leitor imersivo*, Santaella (2004), movida pela curiosidade voltada para as transformações que aqueles processos de navegação estavam provocando nas dimensões cognitivas do ser humano, tais como atenção, percepção, sensação e, sobretudo, modos de conhecer e aprender, realizou uma pesquisa empírica cujos resultados levam à definição de um tipo inédito de leitor que estava nascendo junto ao desenvolvimento das atividades cognitivas próprias dos percursos de navegação nas redes informacionais. Esse perfil se caracteriza, de fato, como algo novo, distinto tanto dos processos cognitivos postos em ação quando lemos um livro e também distintos daqueles que operacionalizamos quando nos orientamos diante de sinais e imagens em movimento. Assim, o novo perfil de leitor foi denominado *imersivo*, pois se trata de um leitor que, de fato, imerge nas redes de "infotenimento". Na mesma obra (Santaella, 2004), esse perfil é colocado em contraste com as características que são próprias do leitor do livro e do leitor de imagens dinâmicas.

Os três tipos de leitores que daí nasceram ficaram relativamente conhecidos e, ao longo desses mais de dez anos transcorridos desde a publicação da obra em questão e, portanto, da pesquisa, muitos outros estudos surgiram sobre tema. Aqui, analisaremos esses perfis de leitores, mas com ênfase nas características que perfilam as faculdades cognitivas que são próprias da imersão, pois é justamente esse tipo de leitor que o redator publicitário deve ter em mente quando produz um anúncio ou qualquer outro gênero publicitário nas redes digitais.

Uma vez que uma boa maneira de definir um fenômeno se resolve, antes de tudo, pelo contraste, uma breve definição do leitor do livro e do leitor de imagens deverá servir de introdução ao perfil imersivo que buscamos. Portanto, abordaremos duas categorias: a primeira se refere aos leitores que chamaremos de *pré-digital* (contemplativo e movente); a segunda, aos *leitores pós-digital* (imersivo e ublíquo).

4.8.1
Leitor contemplativo (pré-digital)

Esse é o leitor do texto impresso cuja prática acompanhou a história do livro, que ganhou força a partir do século XVI. A característica básica, aqui, é a leitura silenciosa e solitária, feita de modo individual e na qual o leitor cria uma relação estreita com a obra que lê. Ao mesmo tempo, há o estabelecimento de uma relação de distância, à medida que a leitura, ao exigir a capacidade de concentração e reclusão, exige também que o indivíduo seja capaz de vivenciar as experiências descritas no livro, mas sem a presença física daquilo. Vem daí que o lugar privilegiado para a leitura é a biblioteca, ambiente propício para o desenvolvimento da capacidade de entrega cognitiva, imaginativa e interpretativa induzida pelo texto.

Os objetos (livros, gravuras, mapas, pinturas) que esse tipo de leitor tem à mão são os duráveis, ou seja, podem ser manuseados, localizados no espaço, são imóveis e reais. É o mundo das letras, das linhas e dos traços cuja fixação, resistência e porosidade do papel tornaram possível. Todas essas características permitem que os livros sejam repetidamente revisitados, e a solidez do objeto papável viabiliza ao leitor fazer idas e vindas, ressignificações.

Do século XVI ao século XIX, livros, enciclopédias e dicionários foram soberanos como meios privilegiados e quase exclusivos de transmissão do conhecimento, da literatura, das belas letras e da cultura em geral. Graças a eles, as universidades europeias floresceram. Entretanto, sob efeito da Revolução Industrial e das novas máquinas de produção de linguagem que ela trouxe – a fotografia, o telégrafo e as rotatórias, essa soberania começou a sofrer a concorrência do jornal. A cultura livresca passou, daí para frente, a conviver não só com o jornal, mas também com a explosão das imagens em movimento no cinema. Foi nesse novo ambiente que nasceu o que denominamos *leitor movente*.

4.8.2
Leitor movente (pré-digital)

As atividades silenciosas e solitárias do leitor contemplativo são muito diferentes das do leitor de jornal e do espectador de cinema. À medida que os grandes centros urbanos começaram a se expandir e as atividades passaram a ser aceleradas, os locais passaram também a oferecer distrações com variados níveis de intensidade. Nesse sentido, o leitor dos centros urbanos teve também de se adaptar, pois a leitura passou a ser uma atividade instável, novidadeira, permeada pela linguagem efêmera e híbrida dos jornais.

> Além do jornal, o mundo moderno trouxe as publicidades de rua que começaram a povoar a cidade com sinais e mensagens. Como orientar-se, como sobreviver na grande cidade sem as setas, os diagramas, os sinais, a avaliação imediata da velocidade do movimento e do burburinho urbano? O leitor do livro, meditativo, observador ancorado, leitor sem urgências, provido de férteis faculdades imaginativas, passou a conviver com esse

> leitor movente; leitor de formas, volumes, massas, interações de forças, movimentos; leitor de direções, traços, cores; leitor de luzes que se acendem e se apagam; leitor cujo organismo mudou de marcha, sincronizando-se à aceleração do mundo.
>
> Há uma isomorfia entre o modo como esse leitor se move na grande cidade, no movimento do trem, do bonde, dos ônibus e do carro e o movimento das câmeras de cinema. De fato, a sensibilidade adaptada às intensidades fugidias da circulação incessante de estímulos efêmeros é uma sensibilidade inerentemente cinematográfica. A rapidez do ritmo cinematográfico e sua fragmentação audiovisual de alto impacto constituíram um paralelo aos choques e intensidades da vida moderna. (Santaella, 2014b, p. 30-31)

Assim, como foi devidamente estudado por vários autores, na esteira de McLuhan (1971), a cultura do livro é responsável pelo desenvolvimento do pensamento lógico, analítico e linear. Os conteúdos audiovisuais, por seu lado, desenvolvem o pensamento associativo, intuitivo e sintético.

Contudo, é preciso levar em conta que os perfis cognitivos dos leitores não sofrem mudanças abruptas. É por isso que podemos afirmar que o leitor movente foi preparando a sensibilidade perceptiva humana para o surgimento do leitor imersivo – este tipo cada vez mais qualificado nas tarefas de navegação entre os nós e conexões não sequenciais dos espaços coalhados de informação da internet.

4.8.3
Leitor imersivo (pós-digital)

Lembremos que, nas redes, entra em cena outro tipo inédito de organização de linguagem: a hipermídia, a saber, o entrelaçamento do hipertexto com a multimídia. Desse entrelaçamento, que é fruto de conexões instantâneas, brotam processos de leitura comutável que colocam em cena vários tipos e níveis midiáticos. Basta um clique ou um simples toque na tela para podermos viajar por blocos de informação que vão fazendo sentido em função dos vínculos encontrados pelo interator. Surge daí um modo inteiramente novo de ler, uma leitura nômade que se realiza graças à perambulação de um clique ao outro, na busca de conjugações entre fragmentos cujo sentido é atingido em função da lógica associativa ou dos mapas cognitivos que são utilizados pelo leitor. Trata-se, pois, de uma leitura topográfica cujas mensagens vão se constituindo pelos nexos acionados pelo leitor-produtor.

Esse é um tipo de leitor em trânsito, cujo perfil se define como aquele que pratica estratégias de navegação pelas redes informacionais, ou melhor, pelas **arquiteturas líquidas do ciberespaço**. O adjetivo *imersivo* ajusta-se a esse tipo de leitor porque, no espaço informacional, ele navega por entre telas e programas de leituras, habitados por signos mutáveis, fugazes, mas sempre disponíveis. Isso coloca o leitor cognitivamente em estado de prontidão para "surfar" entre nós e nexos, um leitor que, por meio de suas interações específicas, entre textos e informações multimídia, vai compondo roteiros multilineares, multissequenciais e labirínticos.

A navegação interativa pelos roteiros que emergem nas redes informacionais certamente produz efeitos sensórios, perceptivos e cognitivos que afetam até mesmo a sensibilidade corporal, física e mental do interator. São transformações que devem muito provavelmente estar baseadas em:

- tipos especiais de ações e controles perceptivos, que implicam que rotas e sinais semióticos sejam rapidamente decodificados;
- comportamentos e decisões cognitivas alicerçados em inferências lógicas, na prática de métodos de busca que conduzem à capacidade de resolução de problemas.

Assim, podemos concluir que, para a compreensão das funções perceptivas-cognitivas que são operadas por esse novo tipo de leitor, não basta prestar atenção apenas àquilo que é visível, ou seja, aos toques ágeis no *mouse* ou na tela. Por trás dessa aparente agilidade, encontram-se a polissensorialidade e a sensomotricidade, sem as quais seria impossível o envolvimento extensivo do corpo em sua globalidade psicossensorial, isto é, na capacidade sensorial sinestésica e sensomotora. Não é difícil avançar nessa ideia ao propor que a combinatória plurissensorial, que naturalmente nosso cérebro pratica para constituir suas imagens, agora com a hipermídia, passou a ser realizada fora do cérebro, na medida em que o leitor passou a encenar essa combinatória na própria tela. É com a tela, de fato, que esse novo leitor interage em movimentos nervosos do *mouse* ou no delicado toque dos dedos que deslizam pelas telas.

Aqueles que têm avidez de conhecer por rotas de escolha própria chegam ao ponto de se entregar hipnoticamente à aventura da navegação informacional. Sabemos quando e como nos entregamos a essa aventura, mas jamais saberemos que caminhos serão percorridos, quando e por onde sairemos deles. Os labirintos de *links* que deslizam uns para os outros são infindáveis e cada um dos infinitos portais, *sites* e *blogs* está preparado para dar boas-vindas ao visitante com sua forma especial de apelo nas cores, nos brilhos e nas animações características que apresenta.

Isso nos leva a perceber que as redes estão, hoje, habitadas por gêneros de discursos, por recursos estéticos e estratégias comunicacionais que, há algum tempo, eram típicos da publicidade. Quaisquer páginas de *blogs*, portais ou *sites* contêm entrelaçamentos de verbo e imagem, tópicos atrativos em sua concisão e pertinência, cuja finalidade primeira é colher e manter a atenção do transeunte, fazê-lo aí se deter e apreciar o que tem a receber. Nesses ambientes, o anúncio publicitário encontra um número excessivo de competidores, aliás, competidores que nem pertencem ao mesmo nicho de mercado. São competidores que se enfrentam na busca da mercadoria mais cobiçada nas redes: a atenção do usuário.

Trata-se de uma mercadoria que se tornou ainda mais cobiçada depois do surgimento das mídias móveis – *tablets* e, sobretudo, celulares –, visto que seu uso levou à emergência de um quarto tipo de leitor: o ubíquo.

4.8.4
Leitor ubíquo (pós-digital)

A mistura das características do leitor movente com as do leitor imersivo ensejou o surgimento de um tipo de leitor híbrido, com um perfil cognitivo também inédito: o leitor hipermóvel e hiperconectado, aquele que perambula pelas redes por meio de dispositivos móveis. A esse leitor atribuiremos a designação de *leitor ubíquo*. O nome advém do fato de que ele está continuamente situado nas interfaces de duas presenças simultâneas, a física e a virtual. Um leitor que, ao mesmo tempo, movimenta-se pelo mundo físico enquanto frequenta as redes. Reinventam-se, com isso, o corpo, a arquitetura, o uso do espaço urbano e as relações complexas nas formas de habitar, o que traz necessárias mudanças nas esferas de trabalho, de entretenimento, de serviços, de mercado, de acesso e troca de informação, de transmissão de conhecimento e de aprendizado (Felice, 2009).

> Do leitor movente, o leitor ubíquo herdou a capacidade de ler e transitar entre formas, volumes, massas, interações de forças, movimentos, direções, traços, cores, luzes que se acendem e se apagam, pistas, mapas, enfim esse leitor cujo organismo mudou de marcha, sincronizando-se ao nomadismo próprio da aceleração e burburinho do mundo no qual circulamos em carros, transportes coletivos e velozmente a pé. (Santaella, 2014b, p. 35)

Ao mesmo tempo em que está corporalmente presente, realizando suas tarefas ou recreando-se pelos ambientes físicos, orientando-se entre os sinais e signos que esses ambientes emitem sem interrupção, esse leitor movente é também um leitor imersivo, pois, ao tocar no celular, abre-se para ele o ciberespaço informacional, que é ainda um espaço comunicativo, uma vez que está recheado de aplicativos que permitem o diálogo a viva-voz ou no silêncio da escrita com uma pessoa ou com um grupo delas a qualquer distância, inclusive aquelas que cruzam oceanos. O que caracteriza esse leitor, portanto, é "uma prontidão cognitiva ímpar para orientar-se entre nós e nexos multimídia, sem perder o controle da sua presença e do seu entorno no espaço físico em que está situado" (Santaella, 2013, p. 278).

4.9
Desafios da publicidade no digital

É o perfil cognitivo do leitor ubíquo que a publicidade contemporânea encontra na recepção de suas mensagens e de suas ações. Não se trata mais daquele leitor de atenção concentrada, capaz de se demorar no que vê e lê. Ao contrário, é um nômade, com a mente distribuída que as redes ajudaram a desenvolver, capaz de dar frações de segundos de atenção para coisas disparatadas, pois sua percepção aprendeu a buscar conexões onde aparentemente elas não existem.
É o perfil cognitivo de alguém cronicamente distraído, de atenções intensamente parciais. Eis o segredo: se a atenção é capturada, o olhar e a escuta se detêm. Se aquilo que os sentidos encontram interessa, então se dá a entrada nos canais da concentração, momento em que a mente se debruça e a mensagem pretendida é absorvida.

O "planeta internet" é um universo plástico, mutacional, capaz de interferir no comportamento humano de forma profunda, pois afeta todas as nossas faculdades cognitivas e, consequentemente, nossos hábitos e disposições para agir e sentir. Embora as redes tenham encontrado e continuem a encontrar muitos detratores, não têm faltado autores que, na esteira de Shirky (2011), têm chamado atenção para as novas oportunidades à inovação, nas mais variadas atividades humanas, possibilitadas pela internet. É para essas possibilidades que Lemos (2015) aponta:

> Conectar pessoas gera um valor extraordinário, basta ver as várias redes sociais que nos circundam, conectando-nos por meio de imagens, textos, notícias, interesses e assim por diante. Muitas dessas redes geraram empresas bilionárias. Faz sentido:

quanto mais as pessoas se encontram, mais surgem ideias, novas formas de trabalho, de comunicação e ação social. Gente junta cria valor.

De fato, isso também é altamente válido para a publicidade. Basta, contudo, que os agentes envolvidos nesse tipo de produção se deem conta de que, nesse novo "planeta", os habitantes humanos se transformaram e continuam se transformando, pois, quando se trata das redes de "infotenimento", estamos em um universo inteiramente contingente, de mudanças incessantes, no seu aqui e agora.

Há personagens influentes no mundo da publicidade que chegam a declarar que "A publicidade como nós conhecíamos morreu" (Simon, 2015). Tirando o exagero da declaração, o que ela tem de real é que, de fato, sem que as tarefas de gerar campanhas, criar anúncios e colocá-los nas mídias tenham desaparecido, pois essas tarefas continuam vivas, muitas outras possibilidades se descortinaram. Para compreendermos esse algoritmo, é preciso perceber que a publicidade em si não é uma mídia (um equívoco que muitos cometem), mas um gênero de discurso com vários subgêneros, como explicitamos nos capítulos anteriores deste livro.

Sendo um gênero de discurso, suas mensagens são adaptáveis ao caráter, aos potenciais e limites comunicacionais de cada mídia em que esse gênero é veiculado. Outra célebre tese de McLuhan (1971), em seu conhecido livro *Os meios de comunicação como extensões do homem*, reside na afirmação de que "o meio é a mensagem" – muito mal interpretada nos anos 1970 e, infelizmente, mal interpretada ainda hoje. O que o autor expressa é o fato de que cada mídia configura a mensagem de acordo com as características semióticas de si mesma. Isso quer dizer que cada mídia dispõe, a seu modo, as mensagens no tempo e no espaço, de acordo com condições e potenciais específicos de significar de que dependem os modos pelos quais as mensagens estão aptas a produzir efeitos interpretativos no receptor. Esses efeitos podem ser de três ordens: emocionais, energéticos (com disposição para agir) e lógicos.

Dependendo da mídia em que o gênero publicitário é veiculado, ele necessariamente tem de se amoldar às exigências e possibilidades abertas pela mídia em questão. Uma mensagem publicitária em uma página de jornal conduz o leitor para um tipo de interpretação distinto de um anúncio que faz uso de todas as sofisticações das impressões contemporâneas em uma página de revista, e assim por diante.

Ora, quando se trata das enumeráveis plataformas, ou melhor, distintas ecologias do "planeta internet", as condições que se apresentam para a mensagem publicitária se multiplicam, pois cada plataforma tem limites e potenciais próprios. São esses potenciais que os profissionais do marketing e da publicidade precisam saber explorar, sem deixar de levar em consideração que os habitantes da internet são constituídos por processos cognitivos e perceptivos desconcertantemente novos.

Para se ter uma ideia da onipresença da internet na vida moderna, o *site Meio & Mensagem*, em dezembro de 2016, publicou a lista das plataformas de mídia que mais se destacaram na última pesquisa. A grande maioria é constituída por plataformas da *web*, sendo apenas a Elemídia um veículo *out-of-home* e o Flix Media um veículo de cinema (Meio e Mensagem, 2016).

Quadro 4.1 Plataformas de mídia

Plataformas de Mídia	
1º	Facebook
2º	Google
3º	YouTube
4º	Instagram
5º	Twitter
6º	Spotify
7º	Elemídia
8º	LinkedIn
9º	Waze
10º	Terra

Fonte: Meio e Mensagem, 2016.

4.10
Novos formatos de produção e propagação publicitária

De acordo com Santaella e Mendonça (2014), a partir da evolução da internet, novos formatos de produção e propagação das mensagens publicitárias entraram em vigor. A evolução tecnológica desencadeou o processo de **convergência das mídias**, assim como estimulou o crescimento da produção e do consumo transmidiático, ou seja, do trânsito de uma mídia a outra, em que um mesmo conteúdo é transposto para diferentes mídias e em que cada mídia desempenha seu papel da melhor maneira que lhe é possível. Com isso, o consumidor passa pela experiência de seguir um mesmo conteúdo por meio de canais diferenciados. Nesse processo, a centralidade de uma mídia é substituída por múltiplas plataformas que intensificam a adaptação de conteúdos entre as diversas mídias. Assim, um produto midiático, como um vídeo produzido para ser veiculado na TV, transita para um *game*, podendo aparecer nas diversas telas dos dispositivos móveis, além de *sites* como YouTube, Facebook e Twitter.

A multiplicação de mídias não acontece apenas fora das redes e entre a internet e as outras mídias, mas também na "segmentação que diversas plataformas de mídias sociais permitem" (Gabriel, 2015), o que as torna altamente eficientes para o marketing na relação custo/benefício, quando bem utilizadas. Rapidamente, o mercado publicitário tratou de experimentar novos formatos, visando interagir com seus públicos, mas, principalmente, chamar a atenção dos consumidores para mensagens que pudessem proporcionar experiências diferenciadas em ambientes interativos, capazes de proporcionar maior engajamento e diversão.

Com base em necessidades mercadológicas e comunicacionais impostas pelas predileções do público, um dos produtos midiáticos que começou a ser explorado e incorporado à publicidade com sucesso foram os *games,* ou melhor, a utilização da lógica dos *games,* chamada de *gamificação*. Essa tendência pode ser lida como uma reação da indústria publicitária diante da constatação de que a publicidade massiva nos moldes tradicionais tem se tornado desinteressante ou até mesmo entediante para suas audiências. Entre os grandes desafios com que a publicidade se depara em razão do fervilhamento midiático está a disputa pela atenção e pelo interesse do receptor. Não vem do acaso a inclinação da publicidade para os *games*, dado o aumento crescente no número de jogadores, um número que não está restrito ao gênero masculino nem aos jovens (Santaella; Mendonça, 2014).

Assim, práticas publicitárias, antes inexistentes, passaram a ser experimentadas. Entre elas, em seu livro *Marketing na era digital: conceito, plataformas e estratégias*, Gabriel (2010), além do *advergaming*, discute o *branded entertainment*, o *product placement* e o *advertainment*. A autora define *entretenimento* ou **branded entertainment** com base em duas formas de utilização:

1) *Advertainment:* diz respeito à criação de conteúdo próprio de entretenimento que alavanque uma marca ou um produto, de forma que essa marca (ou produto) se misture e se confunda com o próprio conteúdo.
2) *Product placement*: também chamado de *merchandising*, refere-se à inserção de produtos adequadamente no enredo ou na narrativa do entretenimento, a fim de alavancá-los.

Ainda de acordo com Gabriel (2010), ambas as práticas têm como objetivo promover produtos e marcas entre seu público-alvo, de modo relevante e impactante, misturando ou incluindo ações publicitárias e/em conteúdo (midiático), sem interrupções significativas. Rompem-se, dessa maneira, os limites que demarcavam tempos e espaços ocupados pela publicidade massiva, os quais se constituíam com base no intervalo comercial, em contraste com a programação ou o conteúdo midiático. A autora esclarece que "os jogos são excelentes plataformas para ações de *branded entertainment*, pois os jogadores permanecem bastante tempo interagindo com seus jogos preferidos, além de retornar a eles frequentemente" (Gabriel, 2010, p. 242).

Na introdução do livro *Ciberpublicidade* (Atem; Oliveira; Azevedo, 2014), os autores caracterizam com precisão cirúrgica o modelo da publicidade em mídias tradicionais, nas quais

> a mensagem enunciada, obviamente sempre sobrecarregada por impulso manipulador, é distribuída pelos diversos canais de comunicação de massa (mídia impressa, radiofônica, televisiva), sempre de forma que cada meio explore determinada faceta da estratégia comunicativa, de acordo com suas próprias características. [...] Destarte, a mensagem em seus contornos básicos, resistindo a possíveis desdobramentos impostos pela variação midiática chega aos seus destinatários (público-alvo) em bloco, ou seja, reiterando-se a cada impacto, repetindo-se insistentemente por cada mídia – assim sendo até a sedimentação da mensagem no imaginário dos consumidores. (Atem; Oliveira; Azevedo, 2014, p. 7-8)

Em contraste com esse modelo, considerando a hiperaceleração do mundo contemporâneo "em que o tempo-espaço dura um clique", um mundo sob o domínio onipresente da interatividade, Atem, Oliveira e Azevedo (2014, p. 10) propõem o trinômio "interatividade-relevância-experiência" como chave para compreender uma série de aspectos dos procedimentos do novo fazer publicitário. Em vez de criar e lançar uma campanha pelas mídias e esperar a reação do consumidor, a **ciberpublicidade** instaura um "diálogo frenético" entre anunciante e público por meio de estratégias argumentativas e reformulações contínuas para estabelecer uma interação mútua de legítima interatividade (Atem; Oliveira; Azevedo, 2014). Isso faz muito sentido quando se pensa que o usuário das redes é hoje um comunicador em estado de prontidão. Não é para menos: basta um clique é lá vai sua intromissão onde quer que sua vontade o leve. Portanto, trata-se de um consumidor que quer fazer valer sua voz.

Tal proposta coincide com o modelo implantado na agência DPZ&T, que busca estabelecer um diálogo entre as marcas e o consumidor por meio do *real-time* marketing, acompanhando a reação do consumidor em cada campanha. "E cruzamos vários indicadores como comentários nas redes sociais, no acesso ao SAC, ao site. E, dependendo do que acontecer, podemos mudar toda a campanha considerando esses indicadores" (Simon, 2015).

Como é possível constatar, campanhas continuam existindo, e a criatividade dos anúncios também. O que o digital introduziu foi, antes de tudo, novas plataformas de mídias que têm de ser estudadas nas condições *sui-generis* que apresentam para veicular anúncios e outras formas de publicidade.

Além disso, o digital trouxe um *surplus* interativo que impulsiona o diálogo com o consumidor. "A ideia criativa tem que ser maravilhosa, esse é o DNA de nossa agência, mas hoje ela precisa vir acompanhada de uma eficiência de aplicação. [...] Temos de ser criativos, eficientes e usar a ciência. A boa criatividade precisa ser transformada em resultado" (Simon, 2015). É nessa mesma tecla que bate a grande especialista em marketing digital, Gabriel (2015), quando afirma que

> A propaganda convencional acontecia em uma quantidade pequena de mídias tradicionais, que por sua natureza eram analógicas e one-way. As mídias tradicionais transformaram a sociedade em consumidores de informação e produtos. A internet, por sua vez, associada a uma gama enorme de tecnologias de mobilidade e geolocalização, passaram a proporcionar inúmeras plataformas de mídia, que funcionam em duas vias – ou seja, permitem a interação. Assim, a internet transformou a sociedade em compartilhadores e interatores,

e essa dimensão passa a ser muito importante na experiência do consumidor (e das pessoas, em geral). Portanto, enquanto o marketing convencional falava PARA os consumidores, o marketing na internet deve falar COM os consumidores. Isso traz inúmeros desafios, mas também diversas oportunidades para o marketing.

O que o digital introduziu foi, antes de tudo, novas plataformas de mídias que têm de ser estudadas nas condições sui-generis que apresentam para veicular anúncios e outras formas de publicidade.

Diante desse panorama multifacetado, pluriforme e cheio de possibilidades para a publicidade – possibilidades antes não existentes –, qual o papel que a redação publicitária veio a desempenhar no universo digital? Passemos para o próximo capítulo que terá como tarefa responder a essa pergunta.

Para saber mais:

A respeito da redação publicitária e de seus impactos na rede mundial, leia:

MOURA, L. **Redação publicitária para internet**. Redação publicitária I, Parte 2. Disponível em: <http://slideplayer.com.br/slide/398095/>. Acesso em: 6 nov. 2017.

Se quiser ampliar seu conhecimento a respeito dos tipos de leitores e suas características, leia o artigo:

SANTAELLA, L. O leitor ubíquo e suas consequências para a educação. In: TORRES, P. L. (Org.). **Complexidade**: redes e conexões na produção do conhecimento. Curitiba: Senar-PR, 2014. (Coleção Agrinho). p. 27-44. Disponível em: <http://www.agrinho.com.br/site/wp-content/uploads/2014/09/2_01_O-leitor-ubiquo.pdf>. Acesso em: 6 nov. 2017.

Sobre as novas mídias digitais, você poderá obter mais informações em:

SANTAELLA, L. O impacto das novas mídias sobre a cultura. In: VILLARES, F. (Org.). **Novas mídias digitais (audiovisual, games e música)**: impactos políticos, econômicos e sociais. Rio de Janeiro: E-papers, 2008. p. 17-50.

Síntese

Neste capítulo, analisamos a internet como gigantesco ambiente informacional, ou melhor, conforme mencionamos na introdução do capítulo, um ambiente de "infotenimento", feito de múltiplos e diferenciados ambientes.

Contemporaneamente, a internet é um ambiente que comporta todos os tipos de dados possíveis, uma "nuvem onipresente" que nos rodeia e na qual penetramos a qualquer momento e em qualquer lugar. Com a facilidade dos dispositivos móveis, como celulares, *tablets* e *notebooks*, sempre conectados à rede, o ser humano passou a habitar e a "se mover" em dois ambientes: o físico e o informacional.

Abordamos, aqui, a publicidade inserida nesse ambiente informacional, apresentando um panorama das características peculiares da internet e como a publicidade se comporta dentro dele. Para tanto, iniciamos apresentando a evolução da internet no mundo para, posteriormente, examinarmos aspectos como a convergência das mídias, as transformações da linguagem escrita nesse ambiente, as hipermídias e suas características, bem como os tipos de leitores dos novos tempos. O objetivo central do capítulo foi o de analisar, portanto, os desafios e perigos da publicidade no meio digital e também os novos formatos de produção e propaganda publicitária.

Questões para revisão

1) O que caracteriza os ambientes midiáticos?
2) Por que a internet não deveria ser chamada de *mídia*?
3) Analise as afirmações a seguir e assinale a alternativa correta:
   a) A convergência das mídias significa que elas se atraem.
   b) A convergência das mídias teve início no século XIX.
   c) O computador tem dificuldade em absorver mídias tradicionais.
   d) Como mídia das mídias, o computador mistura todas as mídias.
   e) As mídias analógicas não se transformam em digitais.
4) Analise as afirmações a seguir e assinale a alternativa **incorreta**:
   a) A transformação da *Web* 1.0 para a 2.0 foi lenta.
   b) A *Web* 2.0 introduziu as redes sociais.
   c) Na *Web* 1.0, dominavam as páginas fixas.
   d) YouTube e Wikipédia não existiam na *Web* 1.0.
   e) A *web* é numerada para evidenciar diferenças.
5) Por que a hipermídia pode ser considerada uma nova linguagem?
   a) Porque a linguagem humana é apenas a linguagem verbal e ela não evolui.
   b) Porque a escrita é a forma mais privilegiada de linguagem.
   c) Porque as linguagens se misturam na hipermídia de modo inédito.
   d) Porque a hipermídia incorpora a imagem fixa.
   e) Porque o hipertexto não pode se combinar com a multimídia.

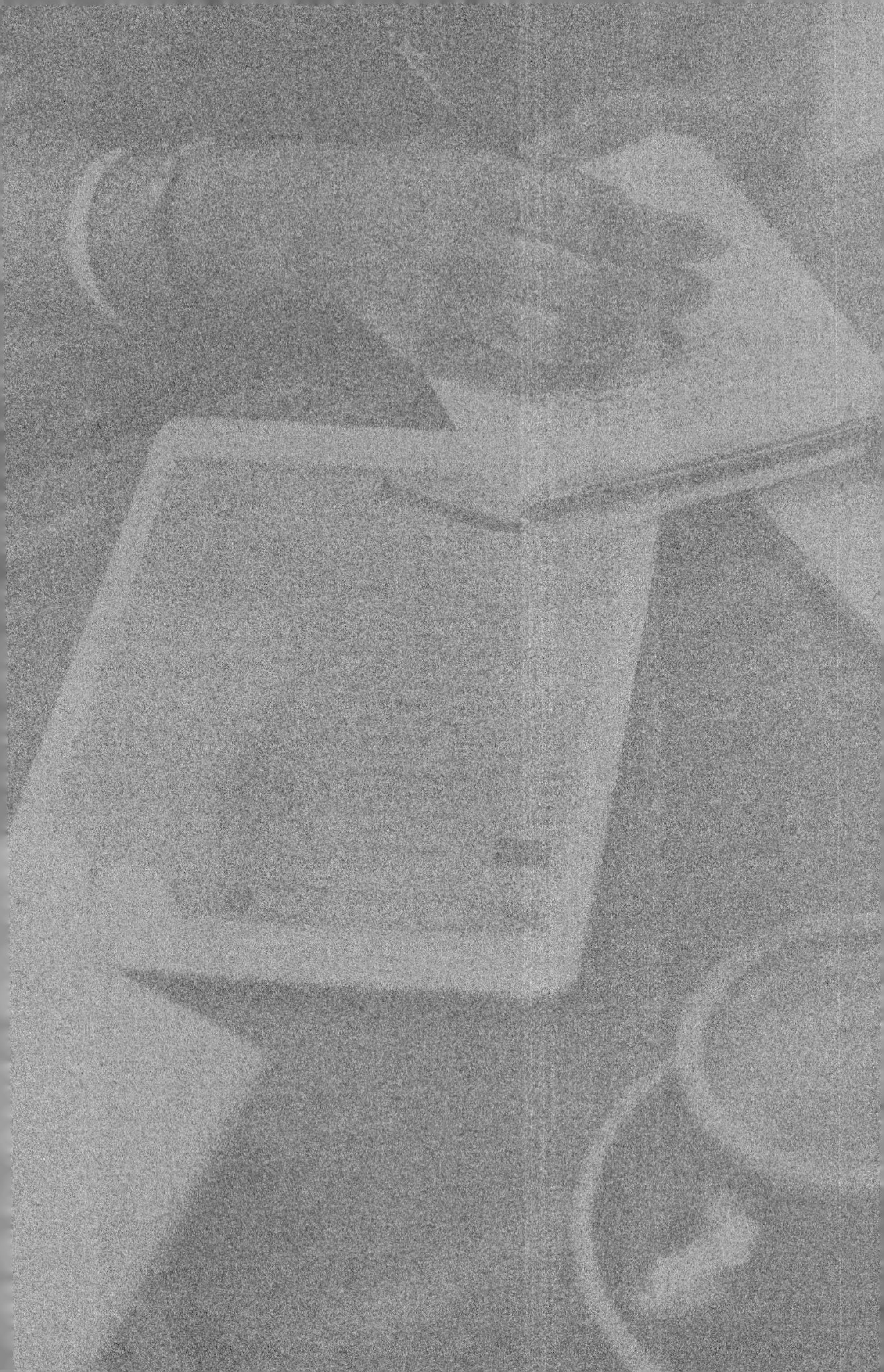

5

O papel da redação publicitária no meio digital

Conteúdos do capítulo:

- O campo expandido do marketing.
- Histórico do marketing digital.
- Perfil do marketing digital.
- Vantagens do marketing digital.
- Panorama da publicidade digital.
- Histórico dos anúncios digitais.
- Formas dos anúncios *on-line*.
- Campos de ação do redator publicitário digital.
- Gêneros de redação publicitária digital.
- Guias para o redator.

Após o estudo deste capítulo, você será capaz de:

1. identificar a relação entre marketing e publicidade;
2. compreender as novas facetas do marketing digital, suas implicações, seus tipos, seus desafios e suas vantagens;
3. assimilar ideias, sugestões e aconselhamentos trazidas por profissionais do marketing digital;
4. elencar as vantagens que a internet abre para esse tipo de profissão.

A redação publicitária digital é parte integrante e fundamental do marketing digital a tal ponto que as fronteiras entre ambos muitas vezes se tornam porosas. Tendo isso em vista, iniciaremos este capítulo apresentando facetas, implicações, tipos, desafios e vantagens do marketing digital. Teceremos também um panorama da publicidade digital e de suas diferentes formas. Tudo isso para alcançar o objetivo central deste capítulo: delinear o campo de ação do redator publicitário digital, a maneira como sua atividade se caracteriza, antes de tudo, como atividade colaborativa, e o modo como ela se distribui em uma multiplicidade de gêneros da publicidade *on-line*.

Vale lembrar que a redação publicitária é parte integrante do campo mais amplo da publicidade, e que esta, por sua vez, é parte integrante do campo mais amplo do marketing. Essa caixa chinesa, em que partes maiores incluem as menores, sempre existiu, desde que o conceito moderno de marketing se consolidou, no pós-guerra, como uma área entre as muitas outras áreas de atividades humanas. A partir dos anos 1990, o marketing digital foi gradativamente emergindo, acompanhando e se consolidando ao ritmo das transformações e dos novos incrementos do universo digital, aproveitando-se dos recursos que a internet e suas múltiplas plataformas oferecem.

5.1
O campo expandido do marketing

Seria equivocado considerar o marketing digital e todos os seus sucedâneos como uma realidade à parte, separada do marketing em geral. Aliás, não faz mais nenhum sentido o equívoco, que foi corrente, antes do aparecimento dos equipamentos móveis, de que o mundo real está separado do chamado *mundo virtual*. Ao contrário, ambos sempre estiveram entrelaçados, e hoje os dispositivos móveis, com os quais perambulamos de lá para cá, enquanto a vida, que os inclui, vai acontecendo, estão aí para provar que a oposição real *versus* virtual não passa de uma fantasia.

Assim também não deve existir uma separação entre marketing em geral e marketing digital em particular, apesar da inegável relevância e das características específicas que o marketing digital apresenta. Mesmo se considerarmos que toda a produção publicitária hoje se desenvolve com recursos digitais, as peças publicitárias não são veiculadas exclusivamente em plataformas da *web*, mas se distribuem também pelas outras mídias massivas, como jornais, revistas, cinema, rádio e TV.

Desse modo, como enunciamos no final do Capítulo 4, o marketing e a publicidade digital funcionam como um *surplus*, um alargamento do tradicional campo do marketing e da publicidade, trazendo para esse campo recursos antes inexistentes, recursos de que ambas as áreas buscam tirar proveito para seus fins, como mensagens de texto, mensagens instantâneas móveis, aplicativos para dispositivos móveis, *podcasts*, *outdoors* eletrônicos, rádios digitais, google ads, entre outros.

No capítulo anterior, o panorama apresentado sobre o "planeta internet" buscou dar conta de suas características e condições para as diferenciadas formas de habitá-lo. Uma entre as inúmeras formas encontra-se no marketing e na publicidade, tema que demos início no Capítulo 4 e que aqui complementaremos para considerar o papel que a redação publicitária desempenha nessa nova ecologia. Para isso, começaremos a discussão com uma breve apresentação dos traços que caracterizam o marketing digital.

5.2
Breve histórico do marketing digital

O marketing digital, também conhecido como marketing *on-line*, *internet marketing* ou *web marketing* foi nascendo *pari passu* com o desenvolvimento da internet. Como contextualizamos no Capítulo 4, nos anos 1990, surgiu aquilo que passou a ficar conhecido retrospectivamente como *Web 1.0*. Embora já fosse uma grande novidade em termos de acesso e busca simples a bancos de dados, bem como de armazenamento de bancos de dados particulares, o usuário ainda não tinha uma participação ativa, ou seja, não era possível interagir nas suas buscas, que, naquele tempo, eram bem dificultosas. Essas limitações não impediram que o marketing começasse a penetrar nesses ambientes, com ações que ainda se assemelhavam ao marketing pré-digital, em processos de comunicação unidirecionais da empresa para o consumidor.

Entretanto, na primeira década dos anos 1990, foram surgindo os anúncios que podiam ser clicados, prenunciando os processos interativos que só viriam a se enriquecer daí para frente. Isso ocorreu nos anos 2000, quando explodiu o que hoje conhecemos como *Web 2.0* e que semeou o terreno para o marketing digital atual.

A *Web* 2.0 transformou o usuário em ser ativo, senhor de suas escolhas e comunicador ávido por se pronunciar mesmo quando não é provocado. Não é para menos, na *Web* 2.0 são abundantes as ocasiões em que o usuário pode se tornar cocriador das mensagens que recebe, pois as plataformas já preveem sua participação, mais do que isso, o usuário pode se inserir em grupos de interesse em trocas ininterruptas de mensagens e até mesmo criar suas próprias mensagens como nas *wikis* e nos *blogs*. É com esse usuário que o marketing digital, hoje, entra em conversações diretas ou indiretas, por meio dos inumeráveis recursos que a internet proporciona.

Acompanhando a emergência da *Web* 3.0, há alguns anos já se fala em *marketing 3.0*, conforme atestam Kotler, Kartajaya e Setiawan (2010) em uma proposta de novo modelo de marketing, a qual considera a transformação dos consumidores em personagens complexos, frutos de sua participação na cultura digital e nas redes de informação e entretenimento que ela oferece. Isso coloca o marketing diante da necessidade de oferecer serviços e produtos que estejam à altura dos novos valores e exigências dos consumidores-alvo. Assim, o marketing 3.0 passou a ser conhecido como *marketing centrado no ser humano*, tendo como contrapeso à lucratividade a responsabilidade corporativa, resultando em bem-estar, riqueza e sustentabilidade.

5.3
O perfil do marketing digital

Marketing digital é a expressão adotada para designar o conjunto de atividades desenvolvidas pelas empresas ou organizações a fim de promover marcas e produtos, atrair novos negócios e relacionamentos, desenvolver a identidade da marca e oferecer serviços, por meio da publicidade distribuída e propagada em mídia digital.

Como podemos ver, a grande diferença em relação ao perfil que sempre caracterizou as atividades do marketing reside nos meios de propagação da publicidade. O que isso acarreta e o que ela tem de marcante?

Todos aqueles que navegam diariamente pelas redes percebem que elas estão estão sempre cheias de anúncios publicitários, que são a grande meta do marketing para interpelar seus possíveis consumidores. É certo que as condições de ocupação desses anúncios, conforme detalharemos a seguir, são bastante distintas daquelas que são próprias de cada uma das mídias massivas e que, por tradição, o marketing já conhece bem.

Perguntas & respostas

Além dessas condições diferenciais, o que, de fato, a internet traz de *surplus* para o marketing e a publicidade?

Os especialistas no assunto são unânimes em apontar que a grande diferença se encontra no fato de que o marketing digital envolve o uso de métodos e aproveitamento dos vários canais que permitem organizar ações para analisar campanhas de marketing e entender o que está funcionando e o que não está, tudo isso sob a magia do "tempo real". Em outras palavras, o marketing digital trabalha com as oportunidades que a internet oferece para as empresas se comunicarem com o público de forma direta, personalizada e em momentos privilegiados.

Assim, torna-se possível monitorar situações como: o que está sendo visto → com que frequência → por quanto tempo → conversões de vendas → se o conteúdo funciona ou não funciona etc.

Esses monitoramentos nem chegam a se constituir em estratégias, como pode parecer à primeira vista; na verdade, eles são necessidades, tendo em vista que, de um lado, o marketing digital dispensa tanta atenção à internet porque sabe que os consumidores têm acesso à informação a qualquer momento e nos mais variados lugares em que estiverem. Trata-se de uma fonte cada vez mais frequentada de entretenimento, busca de notícias, realização de compras e ambientes de relacionamento e conversação. Um universo em que a informação corre, modifica-se, em um troca-troca incessante e excessivo. De outro lado, o caráter bidirecional que define as redes gera, por parte dos consumidores, comportamentos de pesquisa, de buscas comparativas, de confrontos entre produtos, de indagações junto a parentes, colegas, amigos ou mesmo perguntas lançadas à espera de boas respostas que, muitas vezes, vêm de desconhecidos.

Nessa medida, o que a empresa diz de si e aquilo que a publicidade diz do produto passam a ser mensagens entre outras, cuja confiabilidade pode ser conferida a qualquer momento. Nesses ambientes, os consumidores deixaram de estar expostos apenas ao que é dito e oferecido sobre uma marca e seu produto, mas recebem, de todos os lados, estímulos sobre o que buscam ou querem. Com isso, as pessoas estão cada vez mais exigentes, querem empresas que conhecem direta ou indiretamente, marcas confiáveis e, sobretudo, ofertas e comunicações personalizadas ditadas por suas necessidades, seus desejos e suas preferências.

O marketing digital está longe de ser monovalente, pois apresenta várias facetas. Entre elas podemos citar vários tipos de marketing digital, senão vejamos.

O primeiro deles é o **marketing de conteúdo** que se define como aquele que, para atrair clientes, envolve a criação e o compartilhamento de mídia e conteúdo de publicação, cuja informação pode ser apresentada em uma variedade de formatos, como *blogs*, notícias, vídeo, *e-books* e muitos outros.

Seria redundante, na medida em que sabemos que grande parte do marketing é mídia publicada, usar o nome *marketing de conteúdo* em vez de simplesmente marketing. Há, é claro, outros tipos de marketing, mas mesmo nesses casos são apresentados conteúdos que estão sendo comercializados como informações de maneira diversa do anúncio convencional por rádio, TV, filme, *e-mail* ou mídia da *web*.

O **marketing de afiliados** (às vezes chamado de *geração de leads*) ocorre quando os anunciantes organizam terceiros para gerar clientes potenciais para eles. Esses afiliados recebem pagamentos com base nas vendas geradas em virtude de sua promoção. Os comerciantes de afiliados geram tráfego para ofertas de redes de afiliados e, quando a ação desejada é assumida pelo visitante, a afiliada ganha uma comissão. Essas ações desejadas podem ser uma submissão de *e-mail*, um telefonema, o preenchimento de um formulário *on-line* ou uma ordem *on-line* sendo concluída.

A plataforma de **marketing** *on-line* é uma plataforma integrada baseada na *web*, que combina os benefícios de um diretório de negócios, mecanismo de busca local, ferramenta de otimização de mecanismos de busca, pacote de gerenciamento de relacionamento com clientes e sistema de gerenciamento de conteúdo. Os *sites* eBay e Amazon são usados como marketing *on-line* e plataformas de gerenciamento logístico. No Facebook, Twitter, YouTube, Pinterest, LinkedIn e em outras mídias sociais, o marketing *on-line* também é usado.

O **marketing de mídia social** está voltado para a promoção comercial realizada por meio de *sites* de mídia social. Muitas empresas promovem seus produtos postando atualizações frequentes e fazendo ofertas especiais em seus perfis de mídia social.

Outras formas de marketing digital são aquelas referidas como **marketing de mecanismo de pesquisa**, que é projetado para aumentar a visibilidade de um *site* nas páginas de resultados de mecanismos de pesquisa. Os motores de busca fornecem resultados patrocinados e resultados orgânicos (não patrocinados) com base na consulta de um pesquisador da *web*. Os motores de busca costumam usar pistas visuais para diferenciar os resultados patrocinados dos resultados orgânicos. O marketing de mecanismo de pesquisa inclui todas as ações de um anunciante para tornar a listagem de um *site* mais proeminente para palavras-chave tópicas.

A otimização de mecanismos de pesquisa refere-se às tentativas de melhorar os *rankings* das buscas, aumentando a relevância do conteúdo do *site* para finalidades de pesquisa. Os motores de busca atualizam regularmente seus algoritmos para penalizar os *site*s de baixa qualidade.

Por fim, a **pesquisa patrocinada** (também chamada de *links* patrocinados, anúncios de pesquisa ou pesquisa paga) permite que os anunciantes sejam incluídos nos resultados patrocinados de uma pesquisa de palavras-chave selecionadas. Os anúncios de pesquisa são frequentemente vendidos por meio de leilões em tempo real, para os quais os anunciantes oferecem lances em palavras-chave. Além de definir um preço máximo por palavra-chave, os lances podem incluir restrições geográficas, de tempo, de idioma, entre outras. Os motores de busca modernos classificam listagens patrocinadas com base em uma combinação de preço de lance, taxa de cliques esperada, relevância de palavras-chave e qualidade do *site*.

5.4
Desafios do digital para o marketing

Tendo em vista todas essas facetas, a meta mais esperada do marketing digital é a **personalização**, que significa "entregar a mensagem certa, para a pessoa certa, na hora certa". Assim, não é difícil perceber que, para que isso aconteça, não faltam desafios. Vamos nos limitar aos mais evidentes.

Os canais digitais, as plataformas e os aplicativos proliferam ininterruptamente. Em meio a essa proliferação, os usuários não chegam a desenvolver e, mais do que isso, a manter hábitos de uso de dispositivos, protocolos e interfaces. A mudança constante provocada em razão da atração pela novidade, que domina nesses ambientes, conduz a formas de interação diferenciadas, com propósitos distintos. Portanto, trata-se aí de um consumidor difícil de capturar.

Ao mesmo tempo, a concorrência se intensifica, pois a abertura de canais digitais tem pouco custo, ou melhor, custos variados para negócios de tamanhos desiguais. Diante desse crescente adensamento das árvores da floresta-internet, a mais cobiçada mercadoria dessa ecologia altamente competitiva – a atenção do consumidor – torna-se ainda mais difícil de ser fisgada. É certo que o aperfeiçoamento das métricas do marketing digital, que se tornou indispensável tanto para empresas B2B (que vendem serviços e produtos para outras empresas) ou B2C (que vendem produtos e serviços para o consumidor), avança na mesma medida em que a internet se torna mais intrincada. Contudo, mesmo considerando tais avanços, os rastros que os supostos consumidores vão deixando pelos ambientes de visitação dificulta a obtenção de identificadores que garantam, de um lado, a validade certeira dos dados, de outro, que eles tenham pertinência exata no momento em que se aplicam.

5.5
As vantagens do marketing digital

Sem descartar os desafios que vão além dos já comentados, se o peso for colocado na balança, as vantagens ganham longe dos desafios. Isso é o que pensam muitos especialistas e praticantes, tema que foi apresentado por Carnier (2017) e que será aqui retomado.

Para o autor, as vantagens, são, antes de tudo, comunicacionais. As mídias tradicionais não permitem trocas de mensagens entre consumidores, empresas e anunciantes, mas a internet tem suas portas abertas para isso, em tempo integral e real. O marketing tradicional, que é também chamado de *outbound* (voltado para fora) ainda se fia em formas de comunicação unilaterais, em que as empresas divulgam "seus produtos e serviços de maneira massiva, esperando que os clientes captem sua mensagem e ajam segundo suas intenções" (Carnier, 2017). Por sua vez, o marketing digital, chamado de *inbound*, está voltado "para as necessidades do cliente, ou seja, ele conhece o alvo, sabe a distância que separa o dardo dele, qual a velocidade necessária para chegar até lá e como mirar no centro, para não desperdiçar nenhuma chance" (Carnier, 2017).

A partir dessa convincente introdução, Carnier (2017) passa a enumerar algumas das vantagens do *inbound* marketing, a saber:

- segmentação baseada não só em dados demográficos, mas também no comportamento do consumidor;
- assertividade, cujo foco está nas necessidades do cliente, ajudando-o a tomar decisões mais assertivas;
- personalização da comunicação com o cliente, a fim de gerar maior proximidade e confiança na relação;
- menor custo tanto na implementação quanto no acompanhamento;
- sustentabilidade, com vistas a gerar resultados em longo prazo, tornando a estratégia de marketing sustentável;
- poder de viralização, já que conteúdos bem elaborados costumam ser compartilhados na internet, aumentando sua visibilidade;
- mensuração de resultados a partir da primeira ação de *inbound* marketing, contando com ferramentas de monitoramento e *web analytics*, que ajudam a entender onde se está e para onde se deve caminhar;
- alto engajamento, que traz maior poder de fidelização de clientes, pois conquista o interesse das pessoas em vez de interrompê-las com publicidade;

- precisão, que significa chegar na hora certa para a pessoa certa, isto é, quando ela está buscando o que é oferecido, aumentando as chances de conversão.

5.6
Panorama da publicidade digital

Tomando como base o minucioso estudo de Beal (2017), apresentaremos uma síntese do intrincadíssimo universo da publicidade digital em seu estado atual. Quando observamos o panorama realmente intrincado desse universo, podemos considerar que o título do capítulo anterior, "O planeta internet", não é, de fato, exagerado, pois sua imensa diversidade cresce exponencialmente a cada dia.

A publicidade digital – também chamada de *publicidade on-line*, marketing *on-line*, *publicidade na internet* ou *publicidade na web* – realiza-se quando as empresas fazem uso das tecnologias da internet para oferecer anúncios promocionais aos consumidores. Essa publicidade inclui mensagens distribuídas pelas inumeráveis vias oferecidas pela internet, como *e-mail*, *site*s de mídia social, muitos tipos de publicidade gráfica *on-line,* em mecanismos de busca, *banners* em *site*s de celular (publicidade móvel) ou *site*s e programas de afiliados.

Conforme a tradição, a publicidade *on-line* também pode envolver um **editor**, que integra anúncios em seu conteúdo *on-line*, e um **anunciante**, que fornece os anúncios para serem exibidos no conteúdo do editor, ambos subsidiados por agências de publicidade que ajudam a gerar e colocar a cópia do anúncio. Ainda, há um servidor de anúncios, que fornece tecnologicamente o anúncio e rastreia estatísticas, acompanhado por afiliados de publicidade, que fazem um trabalho promocional independente para o anunciante.

Essa versão que ora apresentamos é simplificada, pois, na realidade, os fios desse novelo são mais complicados e só a automatização do uso pelos profissionais é capaz de librificar esses fios. Assim, o processo pelo qual a publicidade *on-line* é exibida pode envolver muitas partes. Os editores que operam seus próprios departamentos de publicidade podem usar esse método. Mas os anúncios podem ser terceirizados para uma agência de publicidade sob contrato com a editora e servidos pelos servidores da agência de publicidade.

Como alternativa, o espaço do anúncio pode ser oferecido para venda em um mercado de lances usando uma troca de anúncios e um lance em tempo real. Isso envolve muitas partes interagindo automaticamente em tempo real.
Em resposta a uma solicitação do navegador do usuário, o servidor de conteúdo do editor envia o conteúdo da página da *web* para o navegador do usuário pela internet. A página ainda não contém anúncios, mas contém *links* que fazem com que o navegador do usuário se conecte ao servidor de anúncios do editor para solicitar que os espaços deixados para anúncios sejam preenchidos. As informações que identificam o usuário, como *cookies* (ver detalhes a seguir) e a página sendo visualizada, são transmitidas ao servidor de anúncios do editor.

O servidor de anúncios do editor comunica-se com um servidor de **plataforma do lado da oferta**. O editor está oferecendo espaço de anúncio para venda, então eles são considerados o fornecedor. A plataforma do lado da oferta também recebe as informações de identificação do usuário, que são enviadas para uma **plataforma de gerenciamento de dados**, na qual essas são usadas para procurar informações demográficas, de compras anteriores e outras de interesse para os anunciantes. Em termos gerais, existem três tipos de dados obtidos por meio dessa plataforma de gerenciamento de dados:

1) **Dados de terceiros**: referem-se aos dados recuperados das plataformas de gestão de relacionamento com o cliente (CRM), além do conteúdo de *sites* e conteúdo de mídia pago ou dados de plataforma cruzada. Isso pode incluir dados de comportamentos, de ações ou de interesses de clientes.

2) **Dados de estatísticas de *pools* de *cookies***: obtidos em publicações e plataformas externas. Os dados são fornecidos diretamente da fonte (*adservers*, soluções hospedadas ou uma plataforma de análise). Também é possível negociar um acordo com um editor específico para proteger pontos de dados ou públicos específicos.

3) **Dados fornecedores externos**: muitas vezes, são agregados a partir de vários *sites*. As empresas vendem dados de terceiros e são capazes de compartilhar isso por meio de uma série de vias de distribuição.

A informação sobre o cliente é combinada e devolvida à plataforma do lado da oferta, que agora pode empacotar a oferta de espaço publicitário juntamente às informações sobre o usuário que a visualizará. A plataforma do lado da oferta envia a oferta para uma troca de anúncios. A troca de anúncios coloca a oferta em **plataformas do lado da demanda**, as quais atuam em nome de agências de publicidade, que vendem anúncios das marcas. As plataformas do lado da demanda têm, portanto, anúncios prontos para exibição e estão procurando usuários para visualizá-los. Os licitantes obtêm as informações sobre o usuário pronto para ver o anúncio e decidem, com base nessas informações, quanto oferecer para comprar o espaço do anúncio.

Uma plataforma do lado da demanda tem 10 milissegundos para responder a uma oferta. A troca do anúncio escolhe a oferta que está ganhando e informa sobre isso a ambas as partes. A troca de anúncios passa o *link* para o anúncio de volta pela plataforma de oferta e o servidor de anúncios do editor para o navegador do usuário, que então solicita o conteúdo do anúncio do servidor de anúncios da agência. A agência de publicidade pode, assim, confirmar que o anúncio foi entregue ao navegador.

Por incrível que pareça, de acordo com os especialistas, isso ainda é simples. Os intercâmbios podem tentar descarregar espaços não vendidos (remanescentes) a preços baixos por meio de outras bolsas. Algumas agências mantêm lances pré-cache semipermanentes com trocas de anúncios, o que pode ser examinado antes de sair para plataformas adicionais de demanda para lances. O processo de publicidade móvel é diferente e pode envolver operadoras móveis e fabricantes de *softwares* de celulares.

5.7
Breve histórico dos anúncios digitais

Embora seja difícil de acreditar, houve um tempo em que era proibido anunciar na internet, certamente em um período em que ela ainda estava bem longe de ser o que é hoje.

Mas, já em 1991, essa proibição foi revogada e o primeiro exemplo amplamente divulgado de publicidade *on-line* foi realizado via correio eletrônico, que se expandia rapidamente, passando a ser considerado *spam*.

Anúncios gráficos na *web*, conhecidos como publicidade de *banner on-line*, tiveram início na primeira metade de 1990, quando, por exemplo, o serviço comercial *on-line* Prodigy exibiu *banners* na parte inferior da tela para promover produtos Sears. Depois disso, desencadeou-se uma onda que foi tornando o *banner* cada vez mais abundante, ocupando outras posições na tela, além da faixa inferior.

O famoso *AdWords*, programa de publicidade de pesquisa da Google, foi lançado em 2000. Daí para frente, os meios foram se multiplicando, e as novidades mais recentes são as das empresas que têm procurado mesclar suas mensagens publicitárias em conteúdo editorial ou de serviços em revistas *on-line*, patrocinados por marcas famosas ou em aplicações gratuitas para acompanhamento de desempenho. Mídias sociais e publicidade móvel têm estado cada vez mais na mira dos anunciantes.

5.8
Formas dos anúncios *on-line*

A forma mais empregada da publicidade *on-line* é a **publicidade gráfica**, que transmite suas mensagens por meio de textos, logotipos, animações, vídeos, fotografias ou outros gráficos. Os anunciantes buscam segmentar os pretendidos consumidores com características específicas para que o efeito dos anúncios possa surtir mais efeito. Para isso, são utilizados *cookies*, identificadores exclusivos de computadores específicos, para decidir quais anúncios serão veiculados a determinado consumidor.

Segundo Gugik (2008), o *cookie* "é um arquivo de texto muito simples, cuja composição depende diretamente do conteúdo do endereço Web visitado". A grande maioria dos *sites* mantêm informações básicas, tais como endereços IP e preferências sobre idiomas e cores. "Em portais como o Gmail e o Hotmail, nomes de usuários e senhas de e-mail também fazem parte dos *cookies*" (Gugik, 2008). Assim, quando visitamos um *site* pela primeira vez, um *cookie* será enviado ao nosso navegador, informando sobre nossas preferências, em formato de texto. "Este pequeno arquivo ficará armazenado em seu computador até que perca sua validade" (Gugik, 2008).

Desse modo, esses "bichinhos" poderosos, com um nome tão apetitoso, podem rastrear se um usuário deixou uma página sem comprar nada, então o anunciante pode voltar não muito mais tarde reapresentando os anúncios do *site* que o usuário visitou. À medida que os anunciantes coletam dados em vários *sites* sobre as atividades *on-line* de um usuário, eles podem criar uma imagem detalhada dos interesses deste para oferecer ainda mais publicidade segmentada. Essa agregação de dados é chamada de *segmentação comportamental*.

Os anunciantes também podem segmentar seu público-alvo ao tirar proveito do contexto referencial da página para exibir anúncios gráficos relacionados ao conteúdo desta. Para quem visita com assiduidade o *site* da Amazon, por exemplo, ao tentar comprar um livro ou dele extrair referências, lá vem, logo abaixo, uma lista de outros livros relacionados que trazem água na boca dos leitores vorazes. A segmentação comportamental e a publicidade contextual foram projetadas para aumentar o retorno do investimento de um anunciante. Mas a estratégia não para aí.

Além disso, os anunciantes podem exibir anúncios com base na localização do usuário por meio de segmentação geográfica. O endereço IP de um utilizador comunica algumas informações geográficas (no mínimo, o país do utilizador ou a região geral). Essas informações de um IP podem ser complementadas e refinadas com outros dados que restringem a gama de locais possíveis. Por exemplo, com dispositivos móveis, os anunciantes podem usar o receptor GPS de um telefone ou a localização de torres móveis próximas. Nesse ponto, os *cookies* entram em ação e outras informações que se mantêm no dispositivo de um usuário podem ajudar a reduzir ainda mais a sua localização.

São várias as maneiras de direcionar a publicidade digital, uma delas é o *e-mail* que envia uma cópia do anúncio, podendo compreender um *e-mail* na íntegra ou uma parcela da mensagem de um *e-mail*. O ***e-mail* marketing** pode não ser solicitado, caso em que o remetente pode dar ao destinatário uma opção para que ele informe sobre futuros *e-mail*s, ou pode ser enviada com o consentimento prévio do destinatário (*opt-in*).

Os **anúncios de texto**, por sua vez, exibem *hiperlinks* baseados em texto. Esse tipo de anúncio pode ser exibido separadamente do conteúdo principal de uma página da *web* ou ser incorporado por *hiperlinks* de palavras ou frases individuais para os *site*s de anunciantes. Os anúncios de texto também podem ser entregues por meio de marketing por *e-mail* ou marketing de mensagem de texto. Esses anúncios geralmente são mais rápidos do que os gráficos e podem ser mais difíceis de bloquear pelos *softwares* de bloqueio de anúncios.

Outro direcionamento da publicidade é o bate-papo. Ao contrário de mensagens estáticas, a **publicidade por** *chat* refere-se a mensagens em tempo real que chegam ao usuário em determinados *sites*. Isso é feito pelo uso do *software* de bate-papo ao vivo ou aplicativos de rastreamento instalados em certos *sites*. Na realidade, este é um subconjunto da publicidade por *e-mail*, mas difere dela devido à sua janela de tempo.

Mais um tipo é o **anúncio classificado** em linha, que é afixado em uma lista de produtos ou de serviços específicos. Exemplos incluem placas de emprego, listas de imóveis, listas automotivas, páginas amarelas e listagens de leilões todos *on-line*. O eBay, por exemplo, é um dos proeminentes provedores de anúncios classificados *on-line*.

O **anúncio intersticial** é aquele exibido antes que um usuário possa acessar o conteúdo solicitado, enquanto está aguardando o carregamento do conteúdo, por exemplo. Os anúncios intersticiais são uma forma de marketing de interrupção.

O chamado *adware* é um *software* que, uma vez instalado, exibe automaticamente anúncios no computador de um usuário. Os anúncios podem ser exibidos no próprio *software*, integrados em páginas da *web* visitadas pelo usuário ou em *pop-ups/pop-unders*. Quando o *adware* é instalado sem a permissão do usuário, ele funciona como um *malware*.

A **publicidade móvel** cresce exponencialmente. Os especialistas afirmam que isso está ocorrendo porque há mais dispositivos móveis no campo, as velocidades de conectividade melhoraram (o que, entre outras coisas, permite que anúncios de mídia mais ricos sejam exibidos rapidamente), as resoluções de tela avançaram, os editores desses dispositivos estão mais sofisticados na incorporação de anúncios e os consumidores estão usando os aparelhos móveis de forma mais ampla. Prevê-se o crescimento contínuo da publicidade móvel com a adoção de localização baseada em segmentação e outras características tecnológicas não disponíveis ou relevantes em computadores pessoais.

A publicidade para celular é uma cópia de anúncio, que, nesse caso, é enviado por meio de dispositivos móveis sem fio, como *smartphones* e *tablets*. Esse tipo de publicidade pode assumir a forma de anúncios gráficos estáticos ou multimídia, SMS (serviço de mensagens curtas) ou MMS (serviço de mensagem multimídia), anúncios de pesquisa para esses dispositivos, publicidade em *sites* para celulares e *smartphones* ou anúncios em aplicações ou jogos (como anúncios intersticiais), *advergaming*, ou patrocínio de aplicativos.

Como é possível constatar, os territórios da publicidade *on-line* são férteis. Não faltam tarefas para o redator publicitário. Com isso chegamos ao coração do que mais importa: o papel desempenhado pelo redator publicitário, quando sua atividade se desenvolve nos ambientes da internet.

5.9
Campos de ação do redator publicitário digital

Redator é aquele que redige. Trata-se de um tipo de ação que tem como material de trabalho a linguagem escrita. Voltando um pouco nos conceitos já trabalhados neste livro, a escrita é a forma de inscrição que a linguagem verbal recebe, e essa inscrição varia dependendo do material que a recebe. Esse material, por sua vez, já foi de argila, papiro, pergaminho. Contudo, o grande encontro aconteceu quando os chumbinhos banhados em tinta de Gutenberg se encontraram com esse material poroso e absorvente – o papel. Hoje, apesar da enormidade de publicações ainda em papel, nos jornais, revistas, livros etc., o *locus* principal de inscrição da linguagem escrita é a internet e, nesse ambiente, ela mudou de figura, perdeu sua compleição linear, virou hipertexto e também passou a se misturar alegremente com outras linguagens, visuais, sonoras e audiovisuais.

Tudo isso para dizer que o *locus* de trabalho do redator publicitário digital é a internet e que, nela, a linguagem passou por uma mutação. Conforme já foi detalhadamente exposto em Santaella (2010), a escrita que dispõe de recursos eletrônicos apresenta três grandes formas:

1) hipertexto e sua extensão na hipermídia;
2) texto visual cinético; e
3) mídias programáveis.

Todas as três são multimidiáticas, uma vez que misturam o texto escrito e a exploração de suas possibilidades gráficas com as distintas mídias imagéticas (gráficas, fotográficas e videográficas) e o som, o que torna a escrita altamente performática. Dessas três formas, a primeira está mais proeminentemente relacionada com textos narrativos, como na prosa interativa e nos *games*; a segunda diz respeito especialmente aos achados da *e-poesia*, mas também pode se estender para a publicidade; a terceira é mais utilizada na *net* arte e *net* poesia, tanto quanto pode ser adotada em formas criativas de publicidade digital.

No Capítulo 4, explicitamos que o **hipertexto** é a gramática básica de navegação na *web*. Seu traço fundamental encontra-se no poder de conexão que resulta em uma escritura não sequencial constituída de nós e conexões.

Quanto ao **texto visual cinético**, o meio magnético introduz e mistura os recursos da reescrituralidade, da compactação e da transmissibilidade. Assim, surgem novos recursos que permitem compor, limpar, colocar algo e remover, copiar motivos específicos e depois replicá-los no mesmo ou em outros arquivos etc. São recursos inéditos que as mídias anteriores desconheciam. Disso resulta a habilidade de criar traços em vários níveis, reproduzi-los em cores, introduzir qualidades cinéticas na composição que se movimenta no ato mesmo de ser exibida, além da habilidade de programar elementos, eventos e permutações que variam na obra. Ainda é possível copiar e enviar instantaneamente. Com isso, deixa-se para trás a rigidez da composição para penetrar em uma textualidade intrinsecamente múltipla, variável e vibrante.

No que diz respeito às **mídias programáveis**, estas gozam dos privilégios computacionais: dados podem ser intercambiados de uma máquina a outra, a escrita pode ser interativa e colaborativa, ou seja, uma escrita que pode se abrir para um tipo inédito de fabricação da escritura.

Quando se trata da redação publicitária digital, o fundamental é a multiplicidade de formatos de anúncios gráficos nos quais o redator pode colocar à prova sua capacidade de criar, a começar pelos anúncios da *Rede de Display da Google* cujos critérios de aprovação seguem os seguintes critérios:

- Anúncios gráficos sem animações são banners de imagens estáticas e o anunciante pode fazer o upload do arquivo de imagem nas extensões .jpg .jpeg .png e .gif, desde que não ultrapasse o tamanho de até 50 KB;
- Anúncios gráficos animados são banners elaborados com arquivos de imagem na extensão .GIF, com animações que não superam 30 segundos de duração, com no máximo 5 frames por segundo e que também não podem ultrapassar os 50 KB;
- Anúncios com animações em Flash que não podem ter duração maior do que 30 segundos, podem ter até 20 frames por segundo, mas não podem ultrapassar os 50 KB. Os chamados anúncios de meia página (300 × 600) podem ter até 200 KB. (Internet Innovation, 2017)

Embora as regras possam parecer restritivas, felizmente a internet não é feita só de Google. Existem outros ambientes em que os anúncios gráficos, que são chamados de *banners da web*, podem ser exibidos. Muitos deles são fornecidos por um servidor de anúncios central, e os anúncios em *banner* podem usar *rich media* para incorporar vídeo, áudio, animações, botões, formulários ou outros elementos interativos usando *applets* Java, HTML5, Adobe Flash e outros programas. Isso significa que, nesses ambientes, o redator publicitário digital não é um ser solitário. Embora a ideia, o estopim iluminado de qualquer criação, tenha que vir dele, para realizá-la existem meios que ultrapassam de longe os limites da tinta sobre o papel branco. Mesmo que esses meios impliquem o trabalho conjunto com *designers*, diretores de arte, especialistas em computação e técnicos, foi-se a solidão e entrou em cena a palavra-chave do mundo digital: **colaboração**.

5.10
Gêneros de redação publicitária digital

O mais conhecido e reconhecível tipo de anúncio digital é o *banner*, que é um anúncio em quadros. Esse gênero já existia antes da *web* e continua a existir fora dela, como expusemos no Capítulo 2. Os anúncios em quadros foram a primeira forma de *banners* na *web*. Os editores de *sites* incorporam anúncios de quadros ao reservarem um espaço específico em suas páginas. Atualmente, há diretrizes para publicidades interativas que propõem dimensões de *pixels* padronizadas para blocos de anúncios.

O *banner* pode ser considerado, antes de tudo, um tipo especial de *link* de hipertexto. Ao clicar no *link*, o que aparece é uma caixa contendo não apenas textos, mas, sobretudo, imagens e animação, além de poder mudar de aparência, especialmente por meio da interatividade.

De acordo com a definição do dicionário Merriam-Webster (2017), por ter natureza gráfica e ter por finalidade anunciar e promover algo, o *banner* se assemelha aos anúncios tradicionais em publicação impressa, como um jornal ou uma revista, mas com as grandes diferenças de que, de um lado, ele tem natureza cinética, de outro, tem natureza interativa, pois quando se clica nele, o usuário pode ser remetido ao *site* do anunciante. Essa ida ao *site* é justamente o que o anunciante espera, uma vez que leva o visitante a se familiarizar com a marca e seus produtos, recebendo os efeitos do *branding*. Vejamos um exemplo: certo programa que você está acostumada a assistir na TV é patrocinado pela marca Parmalat.

Você nem se dá conta de que os repetidos anúncios ficam na sua memória. Ora, quando você tem de escolher o leite nas prateleiras do supermercado, será levado automaticamente para o Parmalat.

Os *banners* podem variar de tamanho, dependendo das dimensões dos *pixels*. Outros tipos de variação dependem dos recursos gráficos disponíveis que vão das imagens fixas e mesmo os *gifs* animados até as produções mais sofisticadas que fazem uso de áudio, vídeo ou programação de Java e Shockwave. Esses *banners* geralmente têm uma dimensão maior e são muitas vezes interativos. A internet apresenta recursos de controle para saber se um *banner* está funcionando ou não (Merriam-Webster, 2017).

Os chamados **pop-ups** são anúncios exibidos em uma nova janela que se abre sobre a janela inicial do navegador de um visitante do *site*. Um anúncio **pop-under** abre uma nova janela do navegador sob a janela inicial do navegador de um visitante do *site*. Muitos *sites*, como o Google, não toleram mais essa prática, pois ela, de fato, é disruptora.

O **anúncio flutuante** ou anúncio de sobreposição é um tipo de anúncio de *rich media* que aparece sobreposto ao conteúdo do *site* visitado. Os anúncios flutuantes podem desaparecer ou tornarem-se menos obstrutivos após um período de tempo predefinido.

Por sua vez, um **anúncio em expansão** é um anúncio de quadro *rich media* que altera as dimensões para uma condição predefinida, como uma quantidade predefinida de tempo que um visitante gasta em uma página da *web*. Esses anúncios permitem aos anunciantes encaixarem mais informações em um espaço de anúncio restrito.

Um *trick banner* (de truque) é um *banner* que imita alguma página que o usuário encontra comumente, como uma mensagem do sistema operacional ou uma mensagem de aplicativo popular, para induzir o usuário a clicar. Esses *banners* não mencionam o anunciante no início e podem, portanto, ser uma forma de enganação.

Há, ainda, os anúncios de notícias, chamados de *news feed ads* ou **histórias patrocinadas**, que se apresentam normalmente em plataformas de mídia social para oferecer um fluxo constante de atualizações de informações dos mais diversos conteúdos, em formatos regulamentados. Alguns exemplos podem ser encontrados nas histórias patrocinadas do Facebook, nas atualizações patrocinadas do LinkedIn e nos tweets promovidos do Twitter. Esses anúncios têm formato bem distinto dos *banners*, pois se misturam com atualizações de notícias não pagas. Por isso, produzem taxas de cliques muito mais altas do que os outros tipos de anúncios.

5.11
Guias para o redator

Sem ir muito longe, para nos atermos apenas à língua portuguesa e a nosso contexto específico, a internet está pontilhada de *sites* e *blogs* voltados para a orientação do redator publicitário que opera na *web*. São aconselhamentos e dicas elaborados por praticantes, ou seja, aqueles que, por serem profissionais da área, conhecem a fundo os desafios, as dificuldades de suas tarefas e os meios para chegar a resultados satisfatórios. Para Luz (2017), por exemplo,

> Um redator escreve. Um publicitário faz propaganda.
> Um redator publicitário escreve propagandas. Tanto faz se é

um roteiro, um folder, um folheto, um texto institucional ou um twitt. O redator publicitário bom é aquele que escreve textos que colaboram para o crescimento de uma instituição. [...] O redator vai escrever sobre assuntos relacionados à marca, a fim de fidelizar uma audiência simpatizante da empresa; e trazer visitantes oriundos de *sites* de buscas. Sempre com um objetivo em mente: transformar desconhecidos em amigos, e amigos em clientes.

Antes de tudo, quando a produção vai se dar em ambientes *web*, é preciso considerar os fatores, sintetizados por Altermann (2016), que caracterizam esse ambiente:

- intertextualidade;
- velocidade;
- precisão;
- dinamismo;
- interatividade;
- acessibilidade;
- estrutura em rede;
- transitoriedade;
- organização multilinear.

Perguntas & respostas

Qual a diferença entre escrever para a *web* e para as outras mídias?

A internet é um território interativo, não apenas social, mas socializado e socializável. Ela gera novos modos de sociabilidade (Voltolini, 2014). Além disso, como lembra Moura (2017), justamente por ser interativo, é um território delicado, porque é íntimo e pessoal.

A diferença entre internet e outras mídias remete à célebre frase mcluhaniana de que "o meio é a mensagem". Isso vale ainda mais intensamente na ecologia da *web*, uma vez que há múltiplas plataformas e as mensagens produzidas devem se configurar e se acomodar às condições de cada uma delas. Assim, quando, por exemplo, o redator escreve para mídias como o Facebook ou o Google, não é só a distribuição da mensagem que muda, mas também a forma como ela é escrita, ou seja, se o redator escreve para o Twitter, ele o fará de maneira diferente de uma publicação que faria no Youtube, por exemplo. Além disso, vale lembrar que os textos publicados em mídias sociais têm a intenção de persuadir o usuário e de fazê-lo compartilhar o conteúdo.

Alterman (2016) dá o exemplo da *BuzzFeed* (nome de uma empresa norte-americana de notícias cujos laboratórios foram criados para testar, rastrear e criar conteúdos virais na internet), que "surgiu com as suas listas sobre qualquer assunto imaginável e, em poucos anos, tornou-se um dos maiores canais de comunicação on-line da atualidade. O efeito disso? O formato de textos baseado em listas e frases curtas simplesmente explodiu".

Além disso, ainda segundo Alterman (2016), "A forma de escrita não é alterada apenas pela quantidade de caracteres ou recursos disponíveis, mas também pelo foco que aquela informação tem". Escrever para o Google ou outros buscadores significa ter de procurar a forma otimizada de ser encontrado por meio dessas ferramentas. É por isso que Luz (2017) afirma que o *web-redator* precisa pensar em

SEO (*Search Engine Optimization*), ou seja, é preciso saber como se comportam os motores de busca para garantir uma boa indexação dos textos.

O redator tem de lidar com a convergência e concentração de fatores, tudo ao mesmo tempo: o *script*, o texto, as imagens, o som, as animações, o tempo, o clique, o pós-clique, os programas, o peso dos arquivos, a concorrências de *banners* na mesma página e a concorrência de outros *sites*. Em função disso, à faculdade criativa deve se aliar o conhecimento técnico, tanto que, em muitas agências, o criativo trabalha com especialistas técnicos (Moura, 2017).

Outro aspecto central que deve ser considerado pelo redator é a enorme disputa que suas mensagens enfrentam nas redes. Não é nada fácil disputar com o Twitter e, no Brasil, principalmente com o Facebook. Em função disso, os profissionais mais experientes generosamente colocam nas redes seus aconselhamentos para aqueles que estão se iniciando no desempenho das tarefas.

De acordo com Luz (2017), os atributos que não podem faltar e que devem estar impregnados na mente do redator são: clareza, concisão, interesse a ser despertado no receptor, proximidade com esse receptor, ou melhor, cliente, e persuasão, a arte do convencimento. O autor apresenta também as **cinco etapas** que o redator deve levar em conta:

1) planejamento, ou seja, definir exatamente os objetivos do plano de voo: o cliente de destino, os canais a serem usados etc.;
2) referências, a fim de expandir o repertório relativo ao campo focado;

3) especificidade de cada plataforma a ser utilizada, pois suas condições para a criação são distintas;
4) postagens pensadas como anúncios;
5) ação diferenciada, eis um dos segredos da criação.

Altermann (2016) igualmente chama atenção para pelo menos seis **metas** que devem ser atingidas pelo redator:

1) explorar o papel das palavras-chave nos buscadores;
2) entender um pouco de códigos, pelo menos de HTML;
3) usar vídeos, infográficos, animações, gráficos interativos, mapas etc.;
4) considerar a influência do meio em que mensagem vai ser lida: tamanho das fontes, contraste das cores e velocidade de carregamento;
5) incentivar a interatividade;
6) respeitar o direito de uso, a propriedade intelectual e as fontes.

Eis aí, portanto, os caminhos que se abrem para o redator publicitário digital. Todos os indicadores prometem que ele é promissor, e é isso que analisaremos a seguir.

5.12
Vantagens da publicidade *on-line*

As vantagens da publicidade *on-line* vêm em complemento às vantagens do marketing digital e começam pelo custo, bem inferior ao da publicidade *off-line*. Ademais, as mídias sociais oferecem baixo custo para os anunciantes se envolverem com grandes comunidades, garantindo não apenas melhores retornos, mas um novo tipo de retorno anteriormente inexistente.

A mensuração é outro fator-chave, pois os anunciantes *on-line* podem coletar dados sobre a eficácia de seus anúncios, como o tamanho da audiência potencial ou a resposta real do público, se o anúncio chegou ao visitante, como chegou a atingi-lo e se resultou em uma venda. Isso ajuda os anunciantes a melhorar suas campanhas de publicidade enquanto elas vão ocorrendo.

Além disso, os anunciantes têm várias maneiras de formatar seus anúncios, apresentando mensagens promocionais com transmissão de imagens, vídeo, áudio e *links*, sem falar na interatividade. Segmentos de mercado personalizados também podem ser considerados para uma publicidade segmentada, na qual é possível aos anunciantes personalizarem cada anúncio para um usuário específico com base nas preferências anteriores dele.

Também há a possibilidade de controlar se um visitante já viu determinado anúncio, de modo a evitar exposições repetitivas indesejadas, programando intervalos de tempo adequados para que apareçam.

A internet é planetária. Isso significa que a publicidade *on-line* pode atingir quase todos os mercados globais. A isso se acresce a velocidade: tão logo concluído, o anúncio *on-line* pode ser implantado imediatamente, da mesma forma que pode ser modificado ou substituído a qualquer momento.

Last but not least, está mais do que comprovado que a publicidade *on-line* influencia as vendas *off-line*. Isso é confirmado pelo *Guia definitivo sobre publicidade digital* (Marketo, 2017), nas oito razões apresentadas para explicar como a publicidade digital funciona para as marcas. A fim de evitar redundâncias, abordaremos, a seguir, apenas aquelas razões que não coincidem com o que já tratamos nesta obra.

É preciso mencionar o fato de que a publicidade digital aumenta a eficácia dos canais de mídia não digitais. Nesse sentido, adicionar anúncios *on-line* ao *mix* de mídia tem um impacto positivo no programa da campanha, mesmo porque os canais digitais são dominantes no caminho que levam o consumidor para as compras. Ademais, a publicidade digital intensifica a publicidade boca a boca, ou seja, recarrega esse canal de persuasão altamente eficaz (Marketo, 2017).

Naquilo que toca mais de perto o redator publicitário digital, a qualidade do anúncio criativo é o fator determinante da eficácia do anúncio. Pesquisas demonstram que a qualidade criativa impulsiona mais da metade das mudanças nas vendas das marcas analisadas, quatro vezes mais do que o impacto do plano de mídia específico. A criatividade digital, em sua natureza multimídia, acrescenta à dimensão da interação a visão, o som e o movimento – e uma interação semioticamente mais rica impulsiona a eficácia da marca. Assim, não é difícil concluir que a publicidade digital é mais eficiente do que a mídia tradicional, por isso é essencial para alcançar o consumidor. Por fim, o artigo conclui que a eficácia da publicidade *on-line* é ainda maior do que se imagina (Marketo, 2017).

5.13
A publicidade digital não é feita só de flores

Inúmeras preocupações rondam a publicidade digital, entre elas as mais cruciais são aquelas que dizem respeito aos perigos quanto à privacidade e à segurança do usuário. A crescente sofisticação na coleta de informações do usuário por editores e anunciantes tem, correspondentemente, aumentado as preocupações do consumidor sobre sua privacidade. Em função disso e também do fator disruptor dos anúncios na *web*, os usuários buscam maneiras de se proteger.

O *site* WordStream (2017) informa que 60% dos usuários da internet usariam a tecnologia *Do Not Track* para bloquear toda a coleta de informações se lhes fosse dada essa oportunidade. A preocupação dos usuários das redes com a privacidade é uma constante, com exceção dos jovens que não parecem estar preocupados com esse problema. De todo modo, muitos consumidores têm reservas quanto à segmentação comportamental *on-line*. Ao acompanhar as atividades *on-line* dos usuários, os anunciantes são capazes de entender os consumidores com bastante intimidade. Isso leva o usuário a temer que suas informações de identificação pessoal sejam compartilhadas com anunciantes ou outros interessados sem seu consentimento, especialmente aquelas que dizem respeito à situação financeira e de saúde.

Em contrapartida, alguns navegadores oferecem modos de privacidade que permitem aos usuários ocultar, de editores e anunciantes, informações sobre eles mesmos. Entre outras consequências, os anunciantes não podem usar *cookies* para veicular anúncios segmentados em navegadores particulares. A maioria dos principais navegadores incorporaram as opções.

Os consumidores também enfrentam riscos de *malware*, ou seja, *malvertising*, ao interagir com publicidade *on-line*. Isso se dá especialmente quando se sabe que clicar em anúncios torna o usuário muito mais propenso a ter um vírus instalado no computador do que navegar na internet para pornografia. Contudo, a fraude de cliques é especialmente associada a *sites* pornográficos. Contra esses problemas, já existe bloqueio ou filtragem de anúncios quando estes não aparecem para o usuário porque a tecnologia para exclui-los está sendo usada. Muitos navegadores bloqueiam anúncios *pop-up* não solicitados. Outros programas de *software* ou complementos do navegador também podem bloquear o carregamento de anúncios ou bloquear elementos em uma página com comportamentos que são característicos de anúncios (por exemplo, reprodução HTML automática de áudio e vídeo).

Ainda como meio de proteção automatizada, estudos de rastreamento de olho mostram que os usuários da internet frequentemente ignoram as zonas de páginas da *web* que provavelmente conterão anúncios gráficos. Por isso, tal ação tem recebido o nome de *cegueira de banner*, um problema que não afeta tão fortemente a mídia *off-line*. Como compensação para os anunciantes, estudos também sugerem que mesmo esses anúncios "ignorados" pelos usuários podem influenciá-los subconscientemente.

O baixo custo da internet em divulgar publicidade contribui para o *spam*, especialmente por meio de grandes *spammers*. Inúmeros esforços têm sido empreendidos para combater esse tipo de prática, desde listas negras, rotulagem exigida regulatoriamente até filtros de conteúdo, mas a maioria tem efeitos colaterais adversos, como filtragem equivocada.

Do outro lado da moeda, existem inúmeras maneiras de prejudicar os próprios anunciantes, especialmente em *sites* que oferecem serviços ou compras, por meio de cliques fraudulentos, quando manualmente, ou por cliques automatizados sem intenção de compra legítima. Isso pode ocorrer, por exemplo, se um concorrente clica em anúncios tentando esgotar o orçamento de publicidade de determinado anunciante.

Como os usuários têm sistemas operacionais, navegadores da *web* e *hardware* do computador diferentes (incluindo dispositivos móveis e tamanhos de tela diversos), os anúncios *on-line* podem parecer aos usuários de forma diferente do que o anunciante pretendia ou podem não exibir corretamente a mensagem. Por exemplo, os anúncios *rich media* criam problemas de compatibilidade, já que alguns desenvolvedores podem usar *softwares* concorrentes (e exclusivos) para processá-los, como acontece com o HTML 5 e Flash.

Além disso, os anunciantes podem encontrar problemas se as informações legalmente exigidas não forem exibidas aos usuários, mesmo se essa falha for devida à heterogeneidade tecnológica.

O que tudo isso nos revela é que, em qualquer área de atividade que se desenvolva pelo uso da internet, essa grande rede de todas as redes, não obstante o imenso horizonte de novas possibilidades que nela se abre, naquilo que nos diz respeito, ou seja, a publicidade *on-line*, é preciso reconhecer que a internet é também um campo minado de contradições, paradoxos e ambivalências. Isso significa que o redator publicitário digital – cuja mais apregoada habilidade encontra-se no lume da criação –, quando penetra nas searas da internet, deve estar alinhado a perspectivas éticas que o levem a conduzir seu trabalho por vias que resguardem a dignidade do ser humano ao qual suas mensagens se dirigem.

Para saber mais

Sobre o marketing na era digital, assunto sobre o qual tratamos muito aqui, leia:

GABRIEL, M. **Marketing na era digital**: conceitos, plataformas e estratégias. São Paulo: Novatec, 2010.

Síntese

Neste capítulo, ressaltamos que a redação publicitária digital é parte integrante e fundamental do marketing digital, a tal ponto que suas fronteiras, às vezes, se fundem. Por isso, apresentamos facetas, implicações, tipos, desafios e vantagens do marketing digital, traçando também um panorama da publicidade digital e de suas diferentes formas.

Tecemos um breve histórico do marketing, analisando o perfil, os desafios e as vantagens dessa área. Depois, igualmente, fizemos uma explanação histórica da publicidade digital, de forma a analisar os mesmos aspectos. Examinamos ainda as formas de anúncios *on-line*, os campos de ação do redator digital e os diferentes gêneros de anúncios digitais.

Por fim, selecionamos ideias, sugestões e aconselhamentos trazidos por profisinais da área e finalizamos o capítulo apontando, de um lado, as vantagens que a internet abre para esse tipo de profissão e, de outro, o fato de que as redes requerem cuidado e ética do redator.

Questões para revisão

1) Por que o marketing digital é parte integrante do marketing em geral?

2) Contemporaneamente, qual é o tipo de cliente com que o marketing digital entra em diálogo?

3) Analise as alternativas a seguir e marque V para as verdadeiras ou F para as falsas.
   ( ) A internet não traz muitas novidades para o marketing.
   ( ) A internet funciona como um *surplus* para a publicidade.
   ( ) A publicidade tem pouco a ganhar com as redes sociais.
   ( ) O marketing digital dispensa a internet.
   ( ) Não há aliança possível entre a publicidade e a internet.

   Agora, assinale a alternativa que apresenta a sequência correta:
   a) V, V, F, F, F.
   b) F, V, F, F, F.
   c) V, F, V, F, F.
   d) F, V, V, F, F.
   e) F, V, V, V, F.

4) Analise as afirmativas a seguir.
   I) Pode-se dizer que todo marketing traz conteúdo.
   II) Há vários tipos de marketing digital.
   III) A internet não permite o marketing *on-line*.
   IV) Os motores de busca auxiliam o marketing digital.
   V) Nas redes, o consumidor é um cliente difícil de capturar.

   Agora, assinale a alternativa correta:
   a) Apenas a afirmativa II é verdadeira.
   b) As afirmativas II e IV são verdadeiras.
   c) A afirmativa III é a única falsa.

d) As afirmativas III e V são falsas.
e) As afirmativas I, II e III são verdadeiras.

5) Qual a maior vantagem do marketing digital?
a) O marketing digital traz vantagens comunicacionais.
b) As vantagens do marketing digital são muitas e difíceis de discernir.
c) Não há diferença entre as vantagens do marketing tradicional e do digital.
d) A vantagem do marketing digital é evidente por si.
e) Os desafios do marketing digital apagam suas possíveis vantagens.

Para concluir...

Recordemos a epígrafe deste livro. Ela abre este trabalho não só como uma homenagem a esse grande herói da publicidade – David Ogilvy –, mas também porque nela há uma sabedoria que se constitui naquilo que pode ser considerado o tópico central de todo o parágrafo: "Alimente sua mente consciente com informações". De fato, cada vez mais esse alimento está se tornando imprescindível em qualquer profissão que se abrace. Vivemos em um mundo hipercomplexo, hiperconectado, hiperdimensionado. Nele, não há mais lugar para a ingenuidade, especialmente para aqueles que escolhem como campo de trabalho justamente a internet, que é, em grande parte, responsável pela nossa contemporânea condição "hiper".

Quando se trata do redator publicitário, alimentar a mente de informações não deve significar apenas a busca desse alimento para tarefas imediatas, e é altamente relevante conhecer o consumidor-alvo, tentar saber o que ele quer, do que gosta, como vive, quais suas perspectivas, tentar entabular com ele um diálogo – sobretudo nestes tempos interativos, em que a conversação se tornou peça-chave de nossas vidas. Entretanto, "alimentar-se de informações" não se reduz a isso. Com um espectro muito mais amplo, essa expressão refere-se à capacidade de desenvolvimento da ética da curiosidade, por meio de uma prática que leve o profissional a buscar as raízes do que faz.

No caso do redator publicitário, significa explorar os conceitos capazes de lhe dar a conhecer a natureza, os atributos, as diferentes feições que as linguagens humanas podem adquirir. Redigir significa lidar com a linguagem, um universo cheio de astúcias, que, para podermos dominar, devemos nos envolver com seus conceitos. Embora aparentemente abstratos, não há nada mais enganoso do que considerar os conceitos de forma isolada da prática, uma vez que eles funcionam como próteses indagativas e cognitivas e, quando suficientemente absorvidos, ajudam a clarear e enriquecer as rotas de nossas práticas.

O apreço pelos conceitos que conduzem ao pensamento sobre a prática foi a diretriz que adotamos como princípio e lema nesta obra. A redação publicitária digital se realiza, hoje, no contexto finamente intrincado da internet, e explorá-lo é uma via régia para a prática profissional.

A internet está coalhada de sugestões, aconselhamentos e dicas de profissionais especializados para aqueles que estão se inserindo ou que pretendem se inserir na profissão. Trata-se de uma iniciativa generosa de profissionais que já abriram e palmilharam o caminho e que, com disso, buscam tornar menos espinhosas as trilhas dos iniciantes. Entretanto, eles próprios reconhecem que isso não é suficiente, especialmente porque as dicas são formidáveis para ser aplicadas quando se inicia um trabalho, mas se repetidas, sem inquietações, a criatividade murcha. Em suma: é justamente para a junção dialética entre a teoria e a prática que Ogilvy pretendeu chamar atenção com sua afirmação.

Por fim, é válido dizer que pensamos esta obra com a finalidade de abordar sobretudo a inserção da publicidade no meio digital: o intrincado universo da internet e as transformações que ela instaurou nas linguagens humanas – questões fundamentais para compreendermos os horizontes que se abrem para os novos formatos da redação publicitária.

Referências

ALTERMANN, D. Quer trabalhar com webwriting? Aprenda como escrever para web. **Midiatismo**, 19 set. 2016. Disponível em: <http://www.midiatismo.com.br/quer-trabalhar-com-webwriting-aprenda-como-escrever-para-web>. Acesso em: 30 out. 2017.

ATEM, G. N.; OLIVEIRA, T. M. de; AZEVEDO, S. T. de (Org.). **Ciberpublicidade**: discurso, experiência e consumo na cultura transmidiática. Rio de Janeiro: E-papers/Faperj, 2014.

BAKHTIN, M. Os gêneros do discurso. In: _____. **Estética da criação verbal**. 2. ed. São Paulo: M. Fontes, 1997. p. 279-326.

BARTHES, R. **Elementos de semiologia**. São Paulo: Cultrix, 1971.

_____. Rethoric of the Image. In: _____. **Image, Music, Text**. New York: Hill & Wang, 1977. p. 32-51.

BEAL, V. **Digital Advertising**. Disponível em: <http://www.webopedia.com/TERM/D/digital_advertising.html>. Acesso em: 30 out. 2017.

BRAGA, A.; SANTAELLA, L. **O computador como personagem**. Linguagens do nosso tempo. Tópico I: cibercultura. Brasília, 2014. Disponível em: <http://catalogo.educacaonaculturadigital.mec.gov.br/hypermedia_files/live/linguagens_do_nosso_tempo/pagina.html>. Acesso em: 30 out. 2017.

CARNIER, A. As vantagens do marketing digital inbound × marketing tradicional. **Agência Pomar**. Disponível em: <http://agenciapomar.com.br/vantagens-do-marketing-digital/>. Acesso em: 30 out. 2017.

CARRASCOZA, J. A. **Razão e sensibilidade no texto publicitário**. São Paulo: Futura, 2004.

CHOMSKY, N. **Dez estratégias de manipulação através da mídia**. Disponível em: <http://www.ifd.com.br/publicidade-e-propaganda/10-estrategias-de-manipulacao-atraves-da-midia/>. Acesso em: 1º nov. 2017.

ECO, U. **La struttura assente**. Milão: Bompiani, 1968.

_____. **Obra aberta**. São Paulo: Perspectiva, 1969.

FELICE, M. di. **Paisagens pós-urbanas**: o fim da experiência urbana e as formas comunicativas do habitar. São Paulo: Annablume, 2009.

GABRIEL, M. Como utilizar a internet para promover eventos. **Transamérica Expo Center**, 27 out. 2015. Entrevista. Disponível em: <http://www.transamericaexpo.com.br/blog/como-utilizar-a-internet-para-promover-eventos-segundo-martha-gabriel/>. Acesso em: 6 nov. 2017.

_____. **Marketing na era digital**: conceitos, plataformas e estratégias. São Paulo: Novatec, 2010.

GIBSON, J. A Theory of Pictorial Perception. **Audiovisual Communication Review**, n. 2, p. 3-23, 1954.

GOMBRICH, E. H. **Arte e ilusão**: um estudo da psicologia da representação pictórica. São Paulo: M. Fontes, 2007.

_____. Image and Code: Scope and Limits of Conventionalism in Pictorial Representation. In: STEINER, W. (Org.). **Image and Code**. Ann Arbor: University of Michigan, 1981. p. 11-42.

GOODMAN, N. **Linguagens da arte**: uma abordagem a uma teoria dos símbolos. Lisboa: Gradiva, 2006.

GUGIK, G. O que são cookies? **TecMundo**, 1º dez. 2008. Disponível em: <https://www.tecmundo.com.br/web/1069-o-que-sao-cookies-.htm>. Acesso em: 30 out. 2017.

GUIMARÃES, E. **A articulação do texto**. São Paulo: Ática, 2007.

HAUG, W. F. **Crítica da estética da mercadoria**. São Paulo: Ed. da Unesp, 1971.

INTERNET INNOVATION. **Formatos de banners do google Ad/Words Ad/Sense**. Disponível em: <https://www.internetinnovation.com.br/blog/formatos-de-banners-do-google-adwordsadsense/>. Acesso em: 20 out. 2017.

JAKOBSON, R. **Linguística e comunicação**. São Paulo: Cultrix, 1971.

KEIM, B. Digital Overload is Frying our Brains. **Wired**, Science, 2 June 2009. Disponível em: <http://www.wired.com/wiredscience/2009/02/attentionlost/>. Acesso em: 3 nov. 2017.

KLINGBERG, T. **The Overflowing Brain**: Information Overload and the Limits of Working Memory. Oxford: Oxford University Press, 2008.

KOCH, I. G. V. **Desvendando os segredos do texto**. São Paulo: Cortez, 2006.

KOO, L. **Web 3.0**: impacto na sociedade de serviços – uma análise da comunicação contemporânea. 116 f. Tese (Doutorado em Comunicação e Semiótica) – Pontifícia Universidade Católica de São Paulo, São Paulo, 2011.

KOTLER, P.; KARTAJAYA, H.; SETIAWAN, I. **Marketing 3.0**: as forças que estão definindo o novo marketing centrado no ser humano. Rio de Janeiro: Elsevier, 2010.

LEMOS, A. **Cibercultura**: tecnologia e vida social na cultura contemporânea. Porto Alegre: Sulina, 2002.

LEMOS, R. **Máquinas de gerar oportunidades**. 23 dez. 2015. Disponível em: <https://medium.com/itau/m%C3%A1quinas-de-gerar-oportunidades-4ad00f116047#.t6m4cc4o1>. Acesso em: 6 nov. 2017.

LÉVY, P. **O que é o virtual?** São Paulo: Ed. 34, 1996.

LUZ, F. **Redação publicitária e marketing na internet**. Entrevista. Disponível em: <http://ondaweb.com.br/entrevista-fernando-luz-fala-de-redacao-publicitaria-e-marketing-na-internet/>. Acesso em: 6 nov. 2017.

MACHADO, I. Gêneros discursivos. In: BRAIT, B. (Org.). **Bakhtin**: conceitos-chave. São Paulo: Contexto, 2005. p. 151-166.

MANOVICH, L. **The Language of New Media**. Cambridge: MIT Press, 2001.

MARKETO. **The Definitive Guide to Digital Advertising**. Disponível em: <https://www.marketo.com/definitive-guides/digital-advertising/>. Acesso em: 6 nov. 2017.

MCLUHAN, M. **Os meios de comunicação como extensões do homem**. São Paulo: Cultrix, 1971.

MEIO E MENSAGEM. **Veículos mais admirados dobra painel**. 5 dez. 2016. Disponível em: <http://www.meioemensagem.com.br/home/midia/2016/12/05/em-nova-edicao-veiculos-mais-admirados-dobra-painel.html>. Acesso em: 6 nov. 2017.

MERRIAM-WEBSTER. **Definition of Banner**. Disponível em: <https://www.merriam-webster.com/dictionary/banner>. Acesso em: 6 nov. 2017.

MOURA, L. **Redação publicitária para internet**. Redação publicitária I, Parte 2. Disponível em: <http://slideplayer.com.br/slide/398095/>. Acesso em: 30 out. 2017.

NIETZSCHE, F. **O nascimento da tragédia**. São Paulo: Companhia das Letras, 1992.

NÖTH, W. **Handbook of Semiotics**. Bloomington: Indiana University Press, 1990.

OGILVY, D. **Confissões de um publicitário**. Rio de Janeiro: Bertrand Brasil, 2003.

OLIVEIRA, V. S. **Poesia e pintura**: um diálogo em três dimensões. São Paulo: Ed. da Unesp, 1998.

ORLANDI, E. P. **A linguagem e seu funcionamento**: as formas do discurso. São Paulo: Brasiliense, 1983.

PEDROSA, C. E. F. Gênero textual: uma jornada a partir de Bakhtin. In: CONGRESSO NACIONAL DE LINGUÍSTICA E FILOLOGIA, 10., 2006, Rio de Janeiro. **Anais**... Rio de Janeiro: Cifefil, 2006. Disponível em: <http://www.filologia.org.br/xcnlf/3/09.htm>. Acesso em: 31 out. 2017.

PISCITELLI, A. **Ciberculturas 2.0**: en la era de las máquinas inteligentes. Buenos Aires: Paidós, 2002.

PLATAFORMA DO LETRAMENTO. **Lendo imagens**. Disponível em: <http://www.plataformadoletramento.org.br/acervo-especial/784/lendo-imagens.html>. Acesso em: 3 nov. 2017.

PLATÃO. **A República**. São Paulo: Nova Cultural, 2000.

POUND, E. **ABC da literatura**. São Paulo: Cultrix, 1970.

SÁ DE MIRANDA, F. de. Comigo me desavim. In: HUE, S. M. (Org.). **Antologia de poesia portuguesa, século XVI**: Camões entre seus contemporâneos. Rio de Janeiro: 7 Letras, 2007.

SANTAELLA, L. **A ecologia pluralista da comunicação**: conectividade, mobilidade, ubiquidade. São Paulo: Paulus, 2010.

_____. A tecnocultura atual e suas tendências futuras. **Signo y Pensamiento**, Bogota, v. 31, n. 60, enero/jun. 2012a. Disponível em: <http://www.scielo.org.co/scielo.php?script=sci_arttext&pid=S012048232012000100003>. Acesso em: 6 nov. 2017.

SANTAELLA, L. **Comunicação ubíqua**: repercussões na cultura e na educação. São Paulo: Paulus, 2013.

_____. **Culturas e artes do pós-humano**: da cultura das mídias à cibercultura. São Paulo: Paulus, 2003.

_____. Imagens são óbvias ou astuciosas? **Revista Líbero**, São Paulo, v. 17, n. 33A, p. 13-18, jan./jun. 2014a.

_____. **Leitura de imagens**. São Paulo: Melhoramentos, 2012b.

_____. **Linguagens líquidas na era da mobilidade**. São Paulo: Paulus, 2007.

_____. **Matrizes da linguagem e pensamento**: sonora, visual, verbal – aplicações na hipermídia. São Paulo: Iluminuras/Fapesp, 2001.

_____. **Navegar no ciberespaço**: o perfil cognitivo do leitor imersivo. São Paulo: Paulus, 2004.

_____. O impacto das novas mídias sobre a cultura. In: VILLARES, F. (Org.). **Novas mídias digitais (audiovisual, games e música)**: impactos políticos, econômicos e sociais. Rio de Janeiro: E-papers, 2008. p. 17-50.

_____. O leitor ubíquo e suas consequências para a educação. In: TORRES, P. L. (Org.). **Complexidade**: redes e conexões na produção do conhecimento. Curitiba: Senar-PR, 2014b. (Coleção Agrinho). p. 27-44. Disponível em: <http://www.agrinho.com.br/site/wp-content/uploads/2014/09/2_01_O-leitor-ubiquo.pdf>. Acesso em: 6 nov. 2017.

_____. **O que é semiótica?** São Paulo: Brasiliense, 1983.

_____. **Redação e leitura**: guia para o ensino. São Paulo: Cengage Learning, 2014c.

SANTAELLA, L.; LEMOS, R. **Redes sociais digitais**: a cognição conectiva do Twitter. São Paulo: Paulus, 2010.

SANTAELLA, L.; MENDONÇA, M. C. de. Reconfigurações da publicidade no ciberespaço: um cenário em construção. In: ATEM, G. N.; OLIVEIRA, T. M. de; AZEVEDO, S. T. de (Org.). **Ciberpublicidade**: discurso, experiência e consumo na cultura transmidiática. Rio de Janeiro: E-Papers/Faperj, 2014. p. 19-30.

SANTAELLA, L.; NÖTH, W. **Estratégias semióticas da publicidade**. São Paulo: Cengage Learning, 2010.

_____. **Imagem**: cognição, semiótica, mídia. São Paulo: Iluminuras, 1998.

SAUSSURE, F. de. **Curso de linguística geral**. São Paulo: Cultrix, 1969.

SHIRKY, C. **A cultura da participação**: criatividade e generosidade no mundo conectado. Rio de Janeiro: J. Zahar, 2011.

SIMON, E. A publicidade como a gente conhecia morreu. **Estadão**, Economia & Negócios, 28 dez. 2015. Entrevista concedida a Marina Gazzoni. Disponível em: <http://economia.estadao.com.br/noticias/geral,a-publicidade-como-a-gente-conhecia-morreu imp-,1815950>. Acesso em: 6 nov. 2017.

TODOROV, T. **Poética da prosa**. Lisboa: Edições 70, 1979.

VELOSO, C.; DUPRAT, R.; DUARTE, R. Acrilírico. Intérprete: Caetano Veloso. In: VELOSO, C. **Caetano Veloso**. Philips Records, 1969.

VERCILLO, J.; MACHADO, F. Arco-íris. Intérprete: Jorge Vercillo. In: VERCILLO, J. **DNA**. Sony Music, 2010.

VOLTOLINI, A. V. **O papel da interatividade nas transformações da sociabilidade**. 120 f. Dissertação (Mestrado em Comunicação e Semiótica) – Pontifícia Universidade Católica de São Paulo, São Paulo, 2014.

WORDSTREAM. **Online Advertising**: How to Create Effective On-line Advertising. Disponível em: <http://www.wordstream.com/online-advertising>. Acesso em: 6 nov. 2017.

Bibliografia comentada

Entre os vários títulos que estão em circulação no mercado, selecionamos aqui, dada sua relevância, alguns livros escritos por autores com larga experiência na docência do tema *redação publicitária* e, portanto, que conhecem muito de perto e profundamente o que se propõem a tratar. Tendo isso em vista, comentaremos a seguir essas obras, que estão repletas de exemplos, sugestões, conselhos e dicas que devem servir de base para todos aqueles que estão em formação e pretendem operar nesse tipo e profissão.

CARRASCOZA, J. A. **Redação publicitária**: estudos sobre a retórica do consumo. São Paulo: Futura, 2003.

Em *Redação publicitária: estudos sobre a retórica do consumo*, Carrascoza discute vários temas fundamentais relativos à redação publicitária. Inicia com a explanação do funcionamento das associações de ideias e sua tradução em palavras na propaganda. Conceitos básicos da linguística são retomados, especialmente aqueles que comandam a organização das palavras, como o eixo da contiguidade – palavras que se unem a palavras na continuidade da frase – e, sob esse eixo, o da similaridade – que determina a palavra que é selecionada em lugar de outras, que poderiam estar no mesmo lugar na frase, mas ficam em ausência por não terem sido escolhidas. O primeiro capítulo é recheado de exemplos que auxiliam sobremaneira no entendimento dos conceitos.

No segundo capítulo, dedicado à retórica, o autor compara o emprego das figuras de linguagem nos discursos espiritualistas – no caso, um texto de Dalai Lama – e na publicidade – cuja escolha recaiu sobre um anúncio de automóvel. O capítulo é arrematado por explanações sobre funções e figuras de linguagem e gêneros de discurso.

O capítulo seguinte é dedicado ao *slogan* publicitário como exemplar legítimo do minimalismo na propaganda. Os *slogans* são comparados aos haicais, um tipo de poesia do instante em que a brevidade encontra seu ponto máximo de otimização. A comparação se torna palpável nos inúmeros exemplos de anúncios publicitários de que o capítulo se faz acompanhar.

O centro do livro foi reservado para o importante capítulo sobre literatura e publicidade. De fato, não é casual que a publicidade tome de empréstimo recursos expressivos da literatura e da poesia, pois estas são as fontes mais legítimas de criação verbal. Não se pode negar que exista uma estética verbal na publicidade. Porém, o que a diferencia da literatura é o alvo utilitário e bem definido que visa atingir. Para tanto, as formas expressivas são colocadas sob o controle desse alvo.

A seguir, o autor dedica um capítulo à discussão das hesitações entre plágio e coincidência na publicidade, campo em que, para ele, contém uma grande fonte de exemplos desses tipos de ocorrências, pois são inerentes à publicidade, que se caracteriza como o reino da bricolagem. Mais uma vez, o capítulo está repleto de exemplos que são utilizados como demonstrações de caminhos para a criação publicitária.

Para terminar, Carrascoza apresenta o papel desempenhado pelos lugares-comuns na publicidade e então, discorre sobre a dimensão do texto publicitário, ou seja, o tamanho adequado de um texto não é determinado *a priori*, mas depende das finalidades a que o texto se presta. Imagem e ideologia na publicidade é a discussão que arremata o livro.

FIGUEIREDO, C. **Redação publicitária**: sedução pela palavra. 2. ed. São Paulo: Cengage Learning, 2015.

Em *Redação publicitária: sedução pela palavra*, Celso Figueiredo oferece ao leitor um manual de criação, que, embora breve, contém todos os elementos necessários àqueles que fazem da palavra sua profissão. Na abertura do livro, lembra que a imagem é imediatamente visível, mas, sem a palavra, não poderia, por si só, persuadir. O caminho para alcançar esse poder começa pelo conceito criativo, a afirmação básica que se quer passar. Disso depende a captura da atenção para que o texto possa penetrar na mente do leitor.

Muito bem lembrada, no Capítulo 2, é a questão da diagramação, a disposição espacial da informação, que, embora seja tarefa do diretor de arte, deve ser também pensada pelo redator, pois o lugar ocupado pelas palavras faz parte de sua significação.

O Capítulo 3 é dedicado à arte do título. Diferentemente de outros tipos de títulos, que visam introduzir o leitor à informação que se completará no que a ele se seguirá, o título em um anúncio deve ser provocador. Para tornar isso compreensível, o autor explora as variações capazes de cumprir essa exigência. O capítulo seguinte trata do texto e seus modelos no discurso publicitário. No Capítulo 5, o autor apresenta um tema que não pode faltar, a assinatura, aquela que fixa na mente do receptor a marca anunciante em seu esforço complementar de persuasão em relação ao produto anunciado. O capítulo que se segue é fundamental no desenvolvimento que Figueiredo realiza das estratégias e dos métodos para a eficácia da mensagem publicitária. Não menos fundamental é o Capítulo 7, dedicado aos tipos de anúncios.

Bastante relevante é o fato de que o autor leva em conta as distinções que os anúncios apresentam quando passam de uma mídia para a outra. Assim, do jornal, Capítulo 8, o autor passa para a revista no Capítulo 9, para a mídia *out-of-home* no Capítulo 10, e para o rádio e a TV nos Capítulos 11 e 12 respectivamente. Ao final, algumas páginas são dedicadas à internet.

CIGLIONI JUNIOR, W. (Org.). **Deu branco!**: criatividade e redação publicitária. Campinas: Alínea, 2009.

Outro volume voltado para a criatividade na redação publicitária tem o sugestivo título de *Deu branco!*, sob a organização de Waldemar Ciglioni Junior. É uma coletânea de ensaios de autoria de vários especialistas em publicidade, em especial de criação publicitária. As partes do livro, nomeadas como uma sequência de *briefings*, tratam da história de publicidade, da criação em publicidade, das inibições e dos bloqueios que a criação pode sofrer e como superá-los. Há ainda a abordagem sobre o que é redigir, com as recomendações a quem redige textos publicitários. É contemplada também a propaganda para o rádio. Os *briefings* que dão prosseguimento ao rádio discutem questões que são próprias do universo publicitário, como os mandamentos para um jovem publicitário, o que os criativos pensam, o método de criação e as reflexões sobre a criatividade no contexto da inovação e das mudanças.

Respostas

Capítulo 1

1) As partes de um automóvel – ou seja, os para-choques, o motor, os pneus etc. – são produzidas separadamente. Quando entram na linha de montagem, essas partes separadas vão se combinando para compor o todo de um carro. A combinação das partes equivale ao eixo da contiguidade, e as partes separadas equivalem ao eixo da seleção. Elas são selecionadas para ser combinadas na sequência de partes que constituem um carro.

2) O período é maior que uma frase. Frases se combinam para formar um período. Mas pode haver período que se constitui de uma só palavra, pois o período é uma unidade comunicativa de sentido.

3) c
4) a
5) d

Capítulo 2

1) Todo texto de qualidade apresenta um arranjo de partes que se integram ao todo de modo harmônico. O texto deve obedecer a princípios de coesão na organização das partes de que resulta a coerência semântica, isto é, a coerência de significados.

2) Todo texto existe em dado tempo e espaço. Esse é o primeiro indicador do seu contexto que se completa, sobretudo, pelo fato de que as palavras que compõem um texto têm poder de referência para aquilo que está fora delas, ou seja, aquilo a que elas se referem.
3) d
4) b
5) a

Capítulo 3

1) Quando olhamos para o mundo, ele aparece a nós sob a forma de imagens. Essas são as imagens perceptivas. Mas há também imagens artificialmente criadas pelo ser humano, que são formas de representação visuais produzidas por meios técnicos que foram se multiplicando ao longo dos séculos, do desenho até as imagens computacionais atuais.
2) Para Barthes, as mensagens publicitárias se dividem em três tipos: verbal, imagem denotativa e imagem figurada. De acordo com Eco, existem cinco níveis de codificação visual nas mensagens publicitárias: o icônico, o iconográfico, o tropológico, o tópico e o entimemático ou argumentativo.
3) c
4) a
5) b

Capítulo 4

1) Ambientes midiáticos não se restringem aos limites das mídias, mas se expandem para a cultura, produzindo efeitos sociais significativos. Isso significa que os

ambientes midiáticos são responsáveis pela mudança de paisagens culturais inteiras.
2) A internet não pode ser simplesmente chamada de *mídia* porque seu modo de operar difere das mídias tradicionais. Estas existem em seus territórios específicos, e a internet, como a mídia de todas as mídias, absorve todas as anteriores, graças à sua linguagem binária, que é capaz de traduzir texto, imagem e som.
3) d
4) a
5) c

Capítulo 5

1) O marketing se caracteriza por seu campo de ação amplo e capilar. No que diz respeito ao acesso aos possíveis clientes e consumidores, todas as mídias, desde a escrita até as eletroeletrônicas, são utilizadas. Nessa sequencialidade, a internet só veio para somar, e não para dividir.
2) O cliente do marketing digital apresenta um perfil perceptivo, cognitivo e emocional muito distinto dos clientes que não frequentam as redes, estes, aliás, cada vez mais raros. O frequentador das redes é uma pessoa ágil, capaz de estabelecer conexões mentais muito rapidamente. O acesso ilimitado à informação o torna um cliente mais exigente, capaz de escolhas e decisões próprias.
3) b
4) c
5) a

Sobre a autora

Lucia Santaella é pesquisadora nível 1A do Conselho Nacional de Desenvolvimento Científico e Tecnológico (CNPq), professora titular na pós-graduação em Comunicação e Semiótica e em Tecnologias da Inteligência e Design Digital na Pontifícia Universidade Católica de São Paulo (PUC-SP).

É doutora em Teoria Literária pela PUC-SP, livre-docente em Ciências da Comunicação pela Universidade de São Paulo (USP), e se orgulha de dizer que já levou à defesa 245 mestres e doutores. Publicou 43 livros e organizou 16, além de 400 artigos no Brasil e no exterior. Recebeu os prêmios Jabuti (2002, 2009, 2011, 2014), o prêmio Sergio Motta (2005) e o prêmio Luiz Beltrão (2010).